欧保尔军装照

2016 年欧保尔在火灾搜救现场

大化瑶族自治县电都消防救援站在欧保尔的带领下，获得 2021年第四届擂台比武团体冠军

2022 年欧保尔代表大化瑶族自治县电都消防救援站给爱心家园学生捐赠书籍

2022 年 1 月 31 日（辛丑年除夕）晚，欧保尔和大化瑶族自治县电都消防救援站队员们的合影

　　大化瑶族自治县各界人士自发到电都消防救援站
悼念欧保尔、韦吉德

Yingxiong Ou Bao'er De Gushi

英雄欧保尔的故事

覃克参　卢伟益　韦静宁　韦振温　著

漓江出版社

·桂林·

图书在版编目（CIP）数据

英雄欧保尔的故事 / 覃克参等著 . -- 桂林: 漓江出版社，
2023. 1
ISBN 978-7-5407-9346-3

Ⅰ.①英… Ⅱ.①覃… Ⅲ.①欧保尔—先进事迹 Ⅳ.
① K825.2

中国版本图书馆 CIP 数据核字（2022）第 226811 号

英雄欧保尔的故事

作　　　者　覃克参　卢伟益　韦静宁　韦振温

出 版 人　刘迪才
策划统筹　文龙玉
责任编辑　章勤璐
助理编辑　唐子涵
营销编辑　宋国竹
书籍设计　周泽云
责任监印　黄菲菲

出版发行　漓江出版社有限公司
社　　址　广西桂林市南环路 22 号
邮　　编　541002
发行电话　010-65699511　0773-2583322
传　　真　010-85891290　0773-2582200
邮购热线　0773-2582200
网　　址　www.lijiangbooks.com
微信公众号　lijiangpress

印　　制　天津嘉恒印务有限公司
开　　本　880 mm×1230 mm　1/32
印　　张　5.75
字　　数　107 千字
版　　次　2023 年 1 月第 1 版
印　　次　2023 年 1 月第 1 次印刷
书　　号　ISBN 978-7-5407-9346-3
定　　价　39.80 元

序言：欧保尔，因平凡而伟大！

　　读到欧保尔的故事时，想到了一部电影和一部小说。

　　小学时，曾经看过一部电影《烈火中永生》。这部电影改编自小说《红岩》，讲述的是大家耳熟能详的江姐的故事。在重庆解放前夕，江姐在丈夫被敌人杀害后，去华蓥山区参加农村武装斗争，由于叛徒甫志高的出卖，她和许云峰被敌人抓捕。在狱中，他们为了保守党组织的秘密，同敌人展开了智慧的周旋与顽强的斗争，最后英勇牺牲。

　　中学时，曾经读过一部小说《钢铁是怎样炼成的》。在这部小说里，作者奥斯特洛夫斯基塑造了一位年轻的布尔什维克保尔·柯察金的形象，并且通过他的成长道路告诉人们，一个人只有在艰难困苦的环境下战胜敌人并战胜自己，只有在把自己的追求和祖国、人民的利益联系在一起的时候，才会创造出奇迹。保尔·柯察金有一句曾经感动过包括我在内无数年轻人的名言："人最宝贵的东西是生命，生命属于人只有一次。一个人的生命是应当这样度过的：当他回首往事的时候，他不会因为虚度年华而悔恨，也不会因为碌碌无为而羞耻。这样，在临死时候，他就能够说：我整个生命和全部的精力，都已献给世界上最壮丽的事业——为人类的解放而斗争。"

　　我想，这部电影和小说，也一定感动过欧保尔。他把自己的名字改为欧保尔，就是明证。

　　与江姐和保尔不同，欧保尔出生在和平年代里。生长在和平年代的青少年，在看这些电影和小说的时候，经常有"生不逢时"的感觉，总认为自己没有赶上战争时代，没有那样的抛头颅洒热血慷慨赴义的机会。其实，他们往往忘记了一个道理，伟大出于平凡。

欧保尔的故事恰恰让我们懂得了这一点。

欧保尔出生在广西一个普通的农民家庭，和许许多多的农村孩子一样，上的是普普通通的小学和中学。但是，他从小热爱劳动、尊敬师长、崇拜英雄、敬仰烈士，中学毕业后选择了参军入伍，在部队的大熔炉里成长。军校毕业后回到广西成为一名普普通通的消防队员。他已经买好了结婚的婚车，和恋爱7年的女友商定在春节期间步入婚姻的殿堂。如果没有2022年1月31日晚的那场大火，他现在一定已经拥有了一个温馨的家庭，可爱的小宝宝，享受着幸福的人间烟火。但是，就在那个晚上，为了抢救被困火海的老人和孩子，欧保尔和战友在搜救中献出了年轻的生命。

《英雄欧保尔的故事》如实记录了欧保尔从出生到牺牲的27年人生历程，讲述了他生命中许多普通而感人的故事，如他如何尊敬老师，摸鱼慰问辛劳的班主任；如何热爱劳动，帮助家里养蚕做家务；如何崇拜英雄，学习家乡的将军更名励志，把自己的名字从宝尔改为保尔；如何刻苦学习，拼搏三年考上军校；如何舍身救人，在危急关头抢救落水儿童；等等。

欧保尔的故事告诉我们，在任何时代，只要有梦想，有追求，不断向上向善，每个人都可以在普普通通的岗位上发光发热，从平凡走向伟大，从优秀走向卓越。

朱永新

民进中央常务副主席

第十三届全国政协常务委员兼副秘书长

目 录

序言：欧保尔，因平凡而伟大！　　朱永新 / 001

孩童时光

出生在大环江畔　　　　　　　　　　　　/ 002

勤劳明理少年强　　　　　　　　　　　　/ 005

崇尚军人好榜样　　　　　　　　　　　　/ 013

乐于助人勇于成事　　　　　　　　　　　/ 019

升入中学

敬英烈勤当自勉　　　　　　　　　　　　/ 026

慕英雄改名保尔　　　　　　　　　　　　/ 033

救人一命寻常事　　　　　　　　　　　　/ 040

踏入环高开启新篇　　　　　　　　　　　/ 044

老班眼中的好班干　　　　　　　　　　　/ 049

严师齐心育高徒　　　　　　　　　　　　/ 056

文科班里一暖男　　　　　　　　　　　　/ 059

烈士亭边立大志　　　　　　　　　　/ 063

决战大考迎捷报　　　　　　　　　　/ 067

参军入伍

投笔从戎入军营　　　　　　　　　　/ 078

宝剑锋从磨砺出　　　　　　　　　　/ 083

首次出警上战场　　　　　　　　　　/ 087

好上司是一面飞扬的旗　　　　　　　/ 092

凤凰涅槃军营中　　　　　　　　　　/ 094

赴汤蹈火铸忠诚　　　　　　　　　　/ 100

终于圆了大学梦　　　　　　　　　　/ 105

徜徉在梦里的学堂　　　　　　　　　/ 111

大熔炉百炼成钢　　　　　　　　　　/ 113

在功勋集体里淬炼　　　　　　　　　/ 117

学习英雄好榜样　　　　　　　　　　/ 120

学成归来

顾全大局进电都　　　　　　　　　　/ 130

业务尖兵身先士卒　　　　　　　　　　/ 134

温馨暖男自带光芒　　　　　　　　　　/ 140

弥足珍贵的"全家福"　　　　　　　　/ 142

忙碌踏实的身影　　　　　　　　　　　/ 145

烈火中永生

青春定格除夕夜　　　　　　　　　　　/ 150

金色盾牌生命铸成　　　　　　　　　　/ 153

英雄的壮举，伟大的灵魂　　　　　　　/ 155

深深的哀思，长长的怀念　　　　　　　/ 158

保尔，你在春天里　　　　　　　　　　/ 161

附　录

欧保尔所获荣誉　　　　　　　　　　　/ 166

欧保尔日记节选　　　　　　　　　　　/ 168

◆

孩
童
时
光

◇ 出生在大环江畔 ◇

在祖国的南方，广西的西北部，有一个多姿多彩的环江毛南族自治县[①]。环江毛南族自治县有一条美丽的河，叫大环江。

大环江发源于云贵高原的层峦叠嶂间，穿过深山峡谷、原始森林，由贵州省进入广西，逶迤南流，如一条灵动的缎带，飞舞在环江苍翠的大地上。

大环江经过驯乐苗族乡，在洛阳镇合作村的同乐屯，突然扭身东流进入大安乡，三四千米后，又折回向西南奔流，再潇洒向南——就这样，造化在大环江西岸画出了一个巨大的锐角。

[①] 环江毛南族自治县简称环江，是我国唯一的毛南族自治县，除毛南族外，还居住着壮族、苗族、瑶族、水族、仫佬族、侗族、布依族等少数民族。

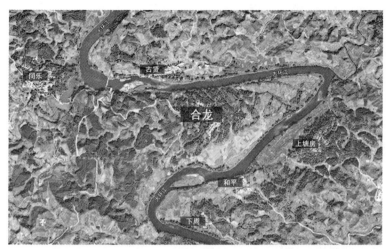

◎ 大环江西岸的巨大锐角

　　在地图上我们可以清晰地看到，此处的大环江连同它画出的锐角，造型生动，恰如一个昂起的龙头。在这个"龙头"上有一个村庄，叫合龙屯。屯里人家大多数是壮族，"合龙"在壮语里叫"久龙"（壮语音译），意思就是龙的头。

　　合龙屯地形特别，三面绿水环绕，静谧幽美，西面是植被丰茂的丘陵，像极了传说中人神共居的地方。村民每每向外人说起自己的家乡，无不以"龙头"为傲。

　　村里有六七十户人家，民风淳朴，勤劳本分是他们的性格底色，艰苦朴素是他们的生活常态。

　　大环江水缓缓地流，合龙屯村民的日子悠悠地过。上世纪八九十年代，合龙屯偏僻闭塞，不通公路，属于贫困村屯。

人们像祖祖辈辈一样劳作生息，繁衍后代，享受着自己那一份艰辛与快乐。1995年12月22日，即阴历的冬月初一，在合龙屯的一间瓦房农舍里，一个男婴呱呱坠地。男婴的父亲——23岁的欧造而高兴得手舞足蹈。

初为人父的欧造而喜滋滋地奔向堂叔欧树康家报喜。年轻的父亲此行除报喜外还有一个目的，就是向堂叔乞名。男孩是欧造而的长子，起名字得讲究。欧造而文化程度不高，得请行家帮助。欧树康是一名教师——屯里为数不多的读书人，他可堪此大任。

欧树康闻知侄子冬月初一喜添丁，也是喜上眉梢，笑得合不拢嘴，侄孙好运啊！他知道给侄孙起名是自己义不容辞的责任。不待欧造而细说，老人家就忙乎起来。问过出生时辰，眯眼思考，掐指比画，良久，说道："侄孙五行缺金，起名应取含金的字。家族字辈为'尔'，就叫'宝尔'吧！"

欧造而本来就当儿子是心肝宝贝，叫"宝尔"正合心意，还能补金，两全其美。于是高高兴兴地念着儿子的大名告辞堂叔回家了。

自此，一个个与宝尔相关的故事在合龙屯演绎开来。

勤劳明理少年强

　　山川毓秀，大地飞歌。21 世纪初，经历了改革开放的合龙屯焕发了无限生机。茂林修竹，莽苍葳蕤。村民新建的一栋栋红砖楼房掩映在绿荫之中。大环江三面绕屯，碧水映绿树，波浪伴松涛。这里的仁山智水带给小宝尔敦厚和灵性，也打开他一生积极努力的序章。

　合龙屯

　　宝尔小时候跟爷爷亲。爷爷疼他爱他，跟他说一些掏心窝子的话，教他为人的道理和生活的技能。爷爷常说一句话："靠山吃山，靠水吃水。"近山濒水的合龙屯老百姓就很好地践行了这个道理。

　　作为桂西北山区的子民，合龙人"吃山"自然不在话下。他们"吃"的山是从合龙屯西到思恩镇陈双牧场的荒山荒坡。那里有延绵十多公里的丘陵荒地，人们开荒造地，种植粮食和经济作物。一般每家都拥有十多二十亩地，劳动力富足的家庭，最多的拥有一百多亩坡地。1994年冬天，宝尔父亲欧造而结束外出务工的生涯，回乡结婚生子，此后每年都开垦近十亩荒地，到宝尔读书上学时，已经有了七八十亩地。

　　这些坡地，少部分被用来种桑养蚕，大部分被用来种植甘蔗、木薯。当地老百姓说，种桑养蚕犹如活期存储，可大可小，支取自如，能维持家庭日常生活，还可以集腋成裘。种植甘蔗、木薯是大额存单，储备经济实力。合龙屯的楼房和私家车，多是这样换来的。"吃山"解决了合龙人的硬件设施问题。

　　"吃水"是合龙人得天独厚的福利。大环江经历了上游的喧嚣激浊后，到这里已经变得温顺平和。它水体宽深，水流平缓，水质清澈，有取之不尽的淡水鱼资源。什么鲤鱼、竹鱼、黄鲣、鲫鱼……应有尽有。

　　合龙人多是捕鱼的行家里手，农闲之时，他们划着小木船或竹排，带着钓竿、渔网、鱼笱、地笼、鱼叉等渔具，在江面大展身手。运气好时，一网能捕捞到十来斤野生河鱼。依靠着得天独厚的环江，合龙人从不缺鱼虾吃。

"吃水"提高了合龙人的生活品质。这样的生活环境，造就了合龙人爱水、恋水、熟水的特性，他们一个个入水如浪里白条。

宝尔从小就受家乡山水的滋养。五六岁时，他经常和小伙伴们逃离大人的管束，进山摘野果、采野菜。捻子、鸟梨、野草莓、蕨菜、竹笋、鲜蘑菇，都是他们觅取的对象。每次进山都能让他们大快朵颐，运气好的时候，他们还会遇上蜂窝。当然，采野蜂蜜不是他们能干的事，他们得求助于大人。有一次，几个小孩在一处岩石下面发现了一个大蜜蜂窝，立刻回家禀报大人，宝尔的父亲帮他们把蜂蜜采了回来。好家伙，一共十来斤呢！他们每人分得两斤。这野蜂蜜气味清香浓郁，味道醇正甜美，宝尔和小伙伴们别提有多开心了。

无忧无虑的幼童时光很快过去，2002 年秋天，快 7 岁的宝尔收心进学堂了。

宝尔上学第一站是合龙小学。学校有一排水泥砖瓦房，两头各有两间教室，中间两间为教师宿舍。校舍前面有一块约 200 平方米的泥地，是操场。当时，学校有小学一、二年级两个班，30 多名学生。全校就一个老师，他就是宝尔的启蒙老师吴政权。

虽然学校设施简陋，条件不算好，但这也是宝尔神圣的启蒙学堂。吴老师教书育人，让宝尔明白了尊老爱幼、热爱劳动、热爱他人、热爱祖国的道理。无论在学校还是村里，无论见到老师同学还是叔伯哥姐，宝尔总是微笑恭敬。其中规中矩、彬彬有礼的表现令人交口称赞。

小宝尔很早就跟爷爷奶奶学会了干家务，为家庭分担责任。放学回家后，外出劳作的大人还没有回来，装锅煮饭、关鸡喂鸭、打扫卫生就成了宝尔的主要任务。做完这些事后，他才会出去跟小伙伴们玩耍一会儿，但总是能在父母下工回家之前先回到家。

种桑养蚕是环江毛南族自治县南部几个乡镇老百姓收入的主要来源之一。每年四、五月，宝尔家也会开始养蚕。宝尔上二年级时，父亲欧造而就要求他放学后协助家人摘桑叶喂蚕。其实，宝尔在学校预习《蚕的生长变化》一课时，就对养蚕产生了浓厚的兴趣，父亲的要求让他很开心。

蚕从幼虫到结茧需经过四次蜕皮，按生长蜕皮分为五个龄期。宝尔家的蚕是三龄蚕，蚕苗到家后，宝尔每天放学后都与父母到桑园摘桑叶。三龄蚕吃的叶子要相对鲜嫩，一般要摘顶部的桑叶。宝尔不够高，他就拿小板凳垫高或想其他的办法。如遇雨天，回家后要先把桑叶晾干，蚕吃了才不会拉肚子。三龄蚕的胃口还不够好，虽是相对鲜嫩的桑叶，也要切碎撒喂，这些活计对宝尔来说不在话下。

长到四龄时，蚕就容易喂养了。这时的蚕胃口好，身体

　　健壮，只要是桑叶，老嫩咸宜，来者不拒。宝尔采摘桑叶不用挑拣了，桑叶也不用切碎，只要把它们晾干，往蚕匾里铺撒就可以了，这是养蚕最轻松的时期。

　　蚕到五龄以后，喂养更加方便，但是蚕的食量极大，一片叶子放下去转眼就吃得只剩渣了。这时，采摘桑叶成为全家最重要、最繁重的活计。天黑之前，全家男女老少齐上阵。天黑了，父母继续在桑园掌灯采摘，宝尔和爷爷奶奶回家喂蚕。

　　五龄后期，蚕要吐丝。协助蚕上蔟①是这个时期最重要，也最辛苦的活计。不管是白天还是黑夜，蚕农们都要坚守在蚕匾旁边，因为蚕需要爬到方格蔟里吐丝结茧。这时候要搭好架子，将方格蔟一侧摆在蚕匾里，另一侧用竹竿竖吊起来。即将吐丝的蚕会主动爬上方格蔟。蚕上蔟爱往高处挤，这时候，就需要人工适时地把方格蔟翻转过来，它们才会规规矩矩地进到方格蔟中。也有一些调皮的蚕到处乱爬。有的两只挤到一个格里，这就需要把它们分开，否则成为双宫茧，影响质量。有的跑到地上，有的爬到门窗上，有的甚至爬到天花板上。这些乱跑的蚕必须捉回来放到方格蔟里。这时，把乱跑乱窜的蚕抓回来成了宝尔放学回来后的主要活计，也是他的拿手好戏。

_____

① 上蔟：将熟蚕收集起来，移放到蔟具上，让其吐丝营茧。

◎ 合龙屯村民采桑、摘茧

　　2004 年秋天，宝尔要上小学三年级了。按照行政区划规定，他需要到塘房村校就读。从合龙屯到塘房村校要横渡大环江，没有跨河桥梁，群众到乡政府办事、小孩入学就读都得划小船或撑竹排过河，十分不便。于是人们更愿意到洛阳镇办事，父母几经周折把他送到洛阳镇合作村同乐小学就读。

　　同乐小学距离合龙屯两公里。这是一所教育教学质量过硬的学校，有一到五年级共 5 个班，在校生 100 多人。

　　同乐小学没有寄宿条件，所有学生都得走读。从宝尔家到这里，大人步行半个钟头可达，小学生则需步行 40 分钟左右。所以，宝尔每天清晨起床，自己煮饭炒菜，吃完早餐，带足午饭，呼朋唤友，结伴上学。中午，吃完从家里带来的午饭后，就趴在教室的课桌上午睡。放学后，立即步行回家。

　　虽然上学离家远了，但这并不影响宝尔帮家里干活。夏天回到家，天色还早，与父母一起养蚕就是他最主要的活计。

他会赶到田间地头与父母一起摘桑叶到天黑。回家后再协助爷爷奶奶喂蚕。老师布置的作业则在晚上完成。

鲁迅说："读书人家的子弟熟悉笔墨，木匠的孩子会玩斧凿，兵家儿早识刀枪。"三面临水的生存环境，让合龙屯的男人都谙熟水性，会划小船、撑竹排，会捕鱼捞虾。

以前不搞计划生育，各家小孩成群，孩子们都是放养的，他们很小就能无师自通地游泳。到宝尔这代人，基本上都是独生子女，大人对小孩看管很严，他们小时候没有办法独自去亲水近水，长到十来岁，才开始由村里擅长游泳的高手教习他们游泳。

在同伴中，要数宝尔的泳技最了得。他可以优哉游哉地躺在水面大半天，也可以一口气潜游十几二十米。他曾经与同伴横游过村南大环江最宽的河面，200 米的距离他不到 5 分钟就游了过去。

宝尔自幼跟随爷爷在大环江风里来、浪里去，耳濡目染，很快就学会了划小船、撑竹排，并学会了捕鱼捞虾。

刚开始，宝尔这样的小孩子都是用手竿垂钓。手竿大多由自己制作。他们到山上砍回又细又韧的金竹，削掉竹枝竹叶，把尼龙绳一头绑在竹竿上，一头在鱼钩上系死结，然后在鱼钩附近挂上用铝质牙膏皮做的坠子，再在距离鱼钩三四十厘米的尼龙绳钓线处绑上泡沫，一根简易的手竿就做

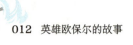

好了。这样的手竿，宝尔自己就制作了十多根。

有道是，三月不钓鱼，后悔一整年。惊蛰过后，春暖花开，是钓鱼最好的时期。每逢周末，宝尔都会约上同伴，一同到河边垂钓。每次行动，他都要带上七八根手竿，备足一天的鱼饵（蚯蚓和蚕虫）。装备虽简，但他了解各类鱼的习性，知晓天气、钓位、饵料、钓法对垂钓效果的影响，所以每次出马必有收获。

只不过，比起网捕，垂钓的收获就是小巫见大巫了。宝尔不满足于手竿垂钓，渐渐开始学用网捕。因为年纪小，力量不足，不能用拉网、罩网，只能用粘网。他把渔网下在适宜的水域，撑着竹排用竹竿拍打水面，吓得水下的鱼四处乱窜，自投罗网。每网下去，都收获颇丰。宝尔机灵，捕鱼的本领得其爷爷真传，是同辈人中的捕鱼高手。每次与同伴们带着同样的装备下同样的河，他的收获都比别人多。

年龄稍长，宝尔可以用拉网了。这时的他就像捕鱼神童，几乎每次选择的下网点都是鱼窝。有一次他与父亲一同下河，父亲按照他的建议放网，竟一网捕获了十来斤河鱼，父子俩兴高采烈。

小时候的宝尔，边读书边劳动，一身本事又活泼可爱，村里人都夸赞他是个聪明懂事的孩子。

◇ 崇尚军人好榜样 ◇

在同乐小学的三年是宝尔人生中重要的转折点。班主任覃重磨老师勤勉敬业，在覃老师的教导下，宝尔的德智体美劳健康发展，日臻完善。在同乐小学的所见、所闻、所感，催生了他振翅远飞的志向。

同乐屯和合龙屯虽属不同的行政区域，但两屯山水相依、田畴相连，相距并不远。在没到同乐小学就读之前，欧宝尔就经常与小伙伴们来走村串户。

◎ 同乐屯

同乐屯的房子零星分布在一个方圆两公里的小土坡上。玩耍时，小伙伴们经常指着坡顶最高处那栋坐西向东的楼房，谈论一个大人物。据说那是大官家的老屋，房子不高，只有两层半，但由于地势原因，显得巍峨脱俗。屋子的主人很早就入伍从军，离开了家乡，后来在广州军区当大官，是一个肩上有杠杠和星星的军官。

同伴介绍，军官家"风水"好，军官的家人都很厉害。几兄弟都在外面当官，原来有个弟弟在同乐小学当校长，可十多年前去世了。他们家的后人读书都了得，好多人考取名牌大学，有上清华大学的，有上中山大学的。学成后都在外面当干部或老板。县里、市里、省里，北京、上海、深圳，都有他们家的人。现在只有原小学校长的遗孀住在村里，其他人要到逢年过节才回来。

欧宝尔和小伙伴经常去军官家门口的晒场上玩，慈祥的校长遗孀总是分给他们各种好吃的糖果。有一年清明节，宝尔听说军官的家人回来祭祖，就偷偷溜到军官家附近探看。好家伙，只见军官家的人都开着小车回来了，他们落落大方、彬彬有礼。

这情形在幼小的欧宝尔心中引起震动，像是触发了一个开关，敲响了全身的钟。说不清是敬仰、羡慕还是向往，宝尔心中有了一个模糊的影像，就像是一团光照亮了他。

　　通过村人和老师的介绍，欧宝尔得知军官姓覃，名振勤，祖先世代居住在同乐，从军几十年，肩上两杠四星，大校军衔，正师级。

　　欧宝尔玩过军棋，知道师长有多厉害。于是，军官成了他心中膜拜的大英雄。宝尔希望有机会一睹军官的英武风采。

　　2007年是环江毛南族自治县成立二十周年大庆。广州军区特运办事处前政治委员覃振勤大校向家乡捐献了一对高一点六米、重一点六吨的大铜麒麟。在回乡举行捐赠仪式后，覃大校回到阔别多年的老家——洛阳镇合作村同乐屯。

　　覃大校回乡之时，已经是学校校长的覃重磨老师盛情邀请他到学校做客。

　　同乐小学是大校胞弟覃振辉任校长期间，在大校的支持下，历尽千辛万苦择新址扩建的。覃振辉校长为了学校的迁建，呕心沥血，积劳成疾，不幸于1989年去世，时年才44岁。想到胞弟，受邀的覃大校欣然应允，确定在六一儿童节上午到达学校，并事先向学校赠送一批篮球、足球、气排球、乒乓球等文体用品和图书资料。

　　覃重磨校长觉得这是对广大师生进行理想前途教育的绝佳机会，所以十分珍视这个活动。他把这个活动作为庆祝六一儿童节的重要环节来进行布置，要求全校师生参加捐赠仪式。

天遂人意，6月1日惠风和畅，风清气爽。同乐小学校园内张灯结彩、队旗飘扬，学生身着崭新的校服，少先队员佩戴鲜艳的红领巾，处处都洋溢着节日的气氛。

校门外的村道上驶来两辆小汽车。接着，覃重磨校长引领一行人步入大门。校长与一位童颜鹤发的长者并排走在最前面。

欧宝尔知道那一定是他心心念念、膜拜已久的英雄。

宝尔细心地打量覃振勤大校。老人家身材魁梧，气宇轩昂。虽然已经年逾古稀，但依然精神矍铄，脸色红润，身板硬朗。只见他迈着军人特有的步伐稳健前行，孔武有力。

覃振勤走过队列前面时，面带微笑，一边向大家挥手示意，一边向大家问好。欧宝尔心想，这哪里是什么大官，简直就跟自己的爷爷一样。师生们自发地用雷鸣般的掌声欢迎和回敬大校。

简单的捐赠仪式后，覃振勤大校即席做了简短讲话。他用饱含感情的话语，感谢家乡的养育之恩；用简洁明了的语言，讲述了自己从环江到珠江的奋斗经历。末了还介绍说，在这次捐赠的图书中有自己的新作《从环江到珠江》，全面记录了自己一生的奋斗历程。他鼓励同学们要志存高远，奋发向上，随着大环江流向龙江、柳江、珠江，走出山门、走向全国，为国家、为民族多做贡献。

欧宝尔听得如痴如醉，瞬间深受鼓舞。仪式结束后，欧宝尔向覃重磨校长借来了覃振勤大校撰写的《从环江到珠江》一书。

宝尔如饥似渴地阅读。周六周日两天，除了随父母下田干农活，其余时间他都手不释卷。一气读完后，他感受到一种震撼和鼓舞。

覃振勤是土生土长的农家子弟，他从环江到珠江、从农家子弟到大校的人生，给宝尔留下了深刻印象。特别是覃振勤改名明志、投笔从戎、英勇无畏地请战等几件事对欧宝尔影响深远。在宝尔后来的人生履历中，几乎处处可以看到覃振勤的影子。

覃振勤 1934 年出生，先与哥哥一起接受私塾先生的启蒙，后在离家将近 20 公里的表正中心校（现环江毛南族自治县第一小学）上学。覃振勤兄弟俩没有辜负父母的期望。他们勤奋好学，学科成绩优秀，特别是覃振勤成绩更是优异。小学毕业后，覃振勤考上了全县唯一的初级中学——思恩县国立初级中学。

依照家族辈分，这一代为"佩"字辈。父亲请先生为其取名"佩琼"。父亲的用意很明显，就是希望他今后如琼似玉，金贵美好。但是他总是觉得这个名字不合自己的志向，几次欲改，终因家里不同意而作罢。上中学时，学校发现他的名字与本校另一个同学姓名雷同，教导主任便建议他把名字改为覃振勤。这个名字既有振兴、振作的深远寓意，又有中华民族千百年来提倡的"勤"，天道酬勤，可谓雅俗兼备。于是，覃振勤用新名报名注册。生米煮成熟饭后，他才禀报家人改名之事。

覃振勤天资聪颖，勤奋努力，只要专心读书，假以时日，一定能蟾宫折桂，成为一代学者，但他却选择了投笔从戎。

1949 年 11 月，中国人民解放军解放思恩县城，1950 年冬，为了消灭匪患，学校成立工作队，覃振勤等十几位师生给解放军带路、当翻译，为环江的彻底解放做出了积极的贡献。1951 年，覃振勤回到学校学习。不久，学校号召适龄学生参军、参干（军政干校），"抗美援朝，保家卫国"。覃振勤瞒着家人报名参军，成为一名中国人民解放军战士。1952 年，新兵覃振勤写了请战书："亲爱的祖国，我将用胸膛保护您，什么地方有侵略者，就在什么地方把他消灭；亲爱的母亲，我就要走上前线，英勇顽强地打击敌人，在战场上决不临阵退缩，一定战斗到最后一息，做一个英雄的战士。""假如我生命的路程是短促的，不能见到祖国富强的未来，我相信千千万万的人们会向前走，为着我们的子孙后代向前走；胜利一定会到来，战争将会结束……人们不会忘记为保家卫国而牺牲的英雄。"

虽然覃振勤入朝参战未果，但是，他英勇无畏地请缨出战和请战决心书中表现出来的视死如归的英雄气概，深深地

感染和打动了宝尔。

通过《从环江到珠江》全面细致地了解覃振勤成长历程后，宝尔对玩伴们轻描淡写说的"他家风水好"这个原因产生了怀疑。

他觉得覃振勤老前辈能从环江走到珠江，从一个农家子弟成长为一名大校应该另有原因，但是，他又想不明白。

带着疑问，宝尔去向老师请教。老师说，"风水"之说是人们不了解覃振勤大校的成长历程而揣测的。其实，覃振勤能有今天，源于他志存高远，矢志不渝；脚踏实地，善始善终；英勇无畏，勇往直前。

老师的话使宝尔茅塞顿开。环江毛南族自治县山高路远，而大环江千回百转、善始善终、勇往直前，最终通向大海。同乐地僻山遥，但老前辈终能实现远大志向。宝尔默默记住老师的话。从这时起，宝尔仿佛找到了人生努力的方向、奋斗的目标和动力。

◇ 乐于助人勇于成事 ◇

2007 年 9 月，欧宝尔因同乐小学没有开设六年级而转到隔着大环江的大安乡中心小学就读。跟之前的小学不一样，大安乡中心小学提供寄宿。学校里和欧宝尔一样需要寄宿的同学有 30 多个。这些寄宿的学生年龄在 7—12 岁之间。寄宿的原因有两种，一是家距离学校太远；二是父母远离家乡外出务工。当时，欧宝尔被分到六年级一班。班主任是覃素知老师，兼教数学；教授语文的是蒙建凡老师。

新的学期，新的班级，两位带班老师在开学第一课要完成两个任务。一是大家自我介绍，相互认识；二是推选班干。

第一项任务开始，两位老师首先向同学们介绍自己。接着由同学们自告奋勇做自我介绍。因为初来乍到，互不认识，同学们都很腼腆，没有人敢率先自我介绍，班里鸦雀无声。同学们都把头埋得低低的，似乎一抬头就中枪。

看到这种情形，蒙建凡老师说："昨晚老师知道这学期能与我们大安乡中心小学六年级一班的同学们一起度过小学最后的美好时光，整整开心了一个晚上。刚才老师已经毫无保留地向同学们介绍了自己，希望能和同学们成为很好的朋友。但是，大家好像都不乐意和老师当朋友。有哪位同学想和老师当朋友的，请举手自我介绍一下！"

蒙老师说完，覃素知老师接着说："对呀！老师都想与你们成为好朋友呢，看谁勇敢站出来成为老师的第一个好朋友！"

听到老师这么说，教室里开始骚动起来。同学们窃窃私语，跃跃欲试。但是，你看我，我看你，谁也不敢第一

个举手。

就在大家面面相觑的时候，第二组前面的一个男同学站了起来，说："老师同学们好！我叫欧宝尔，塘房村合龙屯人，原来在洛阳镇合作村同乐小学就读，这学期刚刚转学过来。我今年12岁，我喜欢学习语文和数学，还喜欢打篮球。"自我介绍结束时，宝尔的脸涨得通红，可见他是鼓起很大勇气才站起来发言的。

在欧宝尔的带头下，班里的气氛瞬间活跃了起来。同学们一个接着一个勇敢地站起来做自我介绍。一时间，班里谈笑风生，热闹非凡。大家都熟络起来了。

第一项工作圆满完成后，开始推选班干。反复动员，却无人毛遂自荐，老师决定投票推选。投票结果，欧宝尔满票当选。两位老师商议，由欧宝尔担任班长。

大安乡中心小学的寄宿学生有30多人，却只有两间宿舍，男女各一间。不同班级、不同年龄的学生一起混住，管理难度较大。为提高管理效果，学校让蒙建凡老师兼任内宿生管理员。

内宿生管理的中心工作是管理学生的作息纪律。每天晚上女生总是很乖巧，睡觉铃声一响大家就安静下来了。让蒙老师头疼的是男生。也许是刚刚来到一个新的大家庭，大家好奇、兴奋，有些男同学晚上总是偷偷聊天，直至深夜。蒙老师只得在睡觉铃响后一再催促，但他们会与蒙老师玩猫和老鼠的把戏。听见外面有老师巡查的脚步声，他们立即屏住呼吸，默不作声，老师一走，他们又叽里呱啦神聊起来。有时要反复催促多次，他们才睡觉。每天晚上蒙老师都把大量的时间耗在这上面，搞得精疲力竭。

作为六年级一班的班长，欧宝尔看在眼里，急在心上。有一天晚上，宝尔敲响蒙老师家的门，主动上门与蒙老师商量宿舍管理的事。

欧宝尔对蒙老师说："老师，我想好了，以后我来当宿舍的舍长，宿舍里的纪律由我来管，您不用那么辛苦了。"

蒙老师端详眼前的宝尔，他脸蛋白皙，身材单薄，大概一米三的个子。蒙老师将信将疑："你能行吗？你打算怎么弄？"

"我能行的。"他接着说出了自己的想法：我们宿舍共 16 个人，可以分成 4 个组，每天一组，轮流值班，周而复始。值班小组主要负责宿舍的清洁卫生和纪律管理。如果值日当天宿舍纪律被学校通报批评，若值日小组能指出违纪的人，违纪者次日就要受罚，即打扫宿舍卫生一天；若值日小组未能指出违纪的人，次日就罚值日小组打扫宿舍卫生一天。

听到宝尔思路清晰地说出自己的想法，看到他坚定沉着的目光，蒙老师相信这个少年能做到。

"好，我支持你。明天我们把具体方案弄出来，出台新的宿舍管理办法，把要求白纸黑字写清楚，然后组织实施。"蒙老师高兴地说。

新的宿舍管理办法实施以后，内宿生的纪律明显改善，负责内宿生管理的蒙老师再也不用在睡觉铃响后，三番五次跑去管束纪律、催促睡觉了。

除了协助老师管理好宿舍纪律，宝尔还像照顾亲弟弟一样照顾低年级的学弟。

当时，在内宿生宿舍，有一个才读一年级的小同学，是内宿学生中年纪最小的，只有7岁。欧宝尔放学回到宿舍，总是主动找他玩，去哪里都带着他。他们每天一起下楼打饭、洗衣服、打球、上晚自习……形影不离。下楼时欧宝尔总是走在后面，让小学弟先走。上楼时，欧宝尔走在前面，手里拿着两碗饭，小学弟跟在后面。洗衣服的时候，欧宝尔洗两个人的大件衣服，小学弟洗袜子之类的小件。上晚自习的时候，他们总是一起走进教室，然后按年级对号入座。起初，同学们都以为那个小学弟是宝尔的弟弟或是亲戚，后来才知道，他们是来到大安乡中心小学寄宿后才认识的。

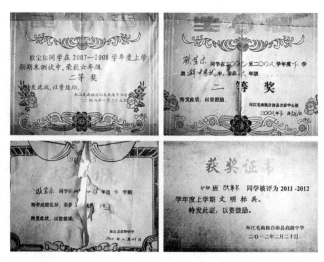

◎ 欧保尔学生时代获得的奖状

◆

升入中学

◇ 敬英烈勤当自勉 ◇

2008 年 7 月，欧宝尔从大安乡中心小学毕业，之后，他选择到交通方便的洛阳中学就读。

洛阳是环江中部重镇，人口多，位置重要，经济发达。位居环江腹地，环江 12 个乡镇有超过一半的乡镇人民外出需经过洛阳镇镇政府驻地。洛阳镇是自治区重点建设的乡镇之一。镇政府驻地洛阳街是当年红茂矿务局总部所在地，红茂矿务局是厅级单位。依托这样的条件，洛阳中学成为环江最好的中学之一。

欧宝尔到洛阳中学求学时，红茂矿务局已经不存在了，洛阳街也不复当年风光。但是，矿务局职工回迁安置点选址洛阳，原先矿务局总部名校——红茂三中的许多优势资源并入洛阳中学。洛阳中学如虎添翼，其办学条件、师资力量得到全方位提升。

宝尔能到洛阳中学读书是幸运的。更幸运的是能与 181

班的老师、同学共同成长。

181 班班主任是教数学的蒙凤敏老师——一位细腻仁厚的女教师。蒙老师教导有方，对学生既严格要求，又关爱有加。

在蒙老师的印象中，初入中学的欧宝尔稚嫩、温和、腼腆，身材瘦小却精神抖擞。他是外乡人，学校中极少有他认识的熟人，但见到任何人他都含笑点头示意。学校中有谁需要帮个忙，只要他有空，都会伸出热情的手。学习步入正轨以后，他的友好和热情很快就得到同学们的回应。不久，班里选举班干，欧宝尔高票当选。班主任根据他的性格特点和工作能力，先后安排他担任生活委员和劳动委员，连续 3 年，从未间断。宝尔十分珍惜这个为班级、为同学服务的机会，在工作中勤恳踏实、任劳任怨，深得同学好评。

蒙老师十分重视学生的政治思想教育。就地取材，用身边的人和事开展思想政治教育是蒙老师的一个妙招。

洛阳中学作为一个老牌学校，曾经培育了不少先进典型人物和英雄模范。1976 年环江"五烈士"中的欧拉布就是洛阳中学培养的学生。蒙老师经常用"五烈士"的英勇事迹教育学生树立正确的人生观、价值观。

欧拉布是一名壮族女教师，救火牺牲时只有 20 岁。她在学生时代一贯表现优秀。她担任班干部，时时处处为班级、为同学着想；学习努力，一直是班里的优秀生。她曾五次被评为"三好"学生。

欧拉布高中毕业回乡后，表现优秀，很快就加入了中国共产党，担任永安大队木类小学教师。

她爱党爱国爱人民，珍惜人民的生命财产，生前曾经3次参加过扑火战斗。1976年2月13日才现生产队山林发生火灾，她不顾自己身患重感冒，同老师们一道直奔火场，与男同志一样冲锋在前，却英勇牺牲，用生命谱写了一曲青春之歌。

宝尔对这位同宗校友欧拉布烈士肃然起敬。他在观后感中饱含深情地抒发了对欧拉布等英烈的崇敬和爱戴之情，表示要以实际行动学习英烈、致敬英烈。

宝尔是这么写的，也是这么做的。他像欧拉布一样身先士卒、敢于担当。

181班的教室在3楼，夏天阳光照射进教室，影响坐在窗边同学的学习。蒙凤敏老师自费购了窗帘布缝制窗帘，宝尔组织几个男同学到街上买回铁线、钉子，借来锤子、钳子，在下午放学后主动留下来安装窗帘。上晚自习前，一排排窗帘安装好了，老师和同学们都向宝尔等人投去赞许的目光。

2009年春夏之交，学校修建田径场，渣土车在运送渣土的时候掉落了许多泥土。时值雨季，校园内的一些道路变得

泥泞难行。这些泥泞路段都在欧宝尔所在的 181 班清洁区。宝尔主动组织本班同学清理了泥泞路面。班主任蒙老师知道这件事后，在班里高调地表扬了宝尔及参加路面清理的同学。宝尔谦虚地说，与欧拉布烈士相比，我们差远了，我不过是尽了劳动委员应尽的责任和义务罢了！

在洛阳中学就读期间，欧宝尔宽厚仁慈、低调谦和，是同学们津津乐道的表率。

宝尔喜爱篮球运动，可是，他的身材不够高大。为了增强力量和韧性，他买了一副哑铃练习，还经常在宿舍做俯卧撑。春夏秋冬，从不间断。班里一个身材高大的同学经常嘲笑奚落他，每每此时，宝尔总是一笑了之。

有一天，宝尔正在练习俯卧撑，大个子同学又来挑衅他："宝尔，你天天这么练，还是一副弱不禁风的样子，就别丢人现眼了！你看我的手臂，不用练就这么粗壮。"说着，弯腰把他握拳的左手臂伸到宝尔的额前晃动。

宝尔停止练习，站起来笑道："你比我厉害。"

"什么意思？你敢挑战我？"大个子嚷道。

"不敢！不敢！"宝尔连忙说道。

"谅你也不敢！我能一口气做 40 个标准的俯卧撑，你能吗？"大个子自傲十足。

宝尔轻描淡写地说："我能做 80 个。"

大个子怔了一下，上下打量宝尔，打死他也不信眼前这个瘦小家伙说的话。他当着众人面大声说："你能做 80 个俯卧撑，我就从你的胯下钻过去。"

　　旁边看热闹的同学闻言，立即鼓动宝尔现场展示。

　　宝尔俯下身子就做起俯卧撑来。旁边几个同学齐声为他数数。只见他身轻如燕，上下俯撑。做了 70 个以后，宝尔还是显得很轻松。

　　这时，旁边部分人开始起哄了，不停地喊："钻胯下！钻胯下！"

　　在大家整齐的数数声中，宝尔完成了 79 个俯卧撑。就在大家眼巴巴地要看钻裆热闹时，宝尔身子往旁边一歪，说："不行了，撑不起了。"

　　随着宝尔的坐起，宿舍里顿时一片寂静，鸦雀无声。对于宝尔为什么要放人一马，喜欢逞强斗勇的男孩们一时回不过神来。

　　大个子见状立刻红了脸，灰溜溜地走了。

　　宝尔还乐于助人，他的同班同学卢宝军对这一点记忆最为深刻。那是 2009 年 11 月 26 日的下午，在一次班际篮球比赛中，卢宝军起跳争抢篮板球，落地时不幸扭伤了右脚踝。那种剧烈的疼痛，使卢宝军坐在球场上手抚右脚踝嗷嗷直叫。

　　见此情景，刚刚换下场休息不到 1 分钟的宝尔，立即冲

入场内，扶起卢宝军，用他清瘦的身躯，架着卢宝军一瘸一拐往球场边走。之后，他和韦宇央、韦总贡等同学一同将卢宝军送到校医室。

在接下来的几天里，宝尔除了帮卢宝军按摩、理疗、涂药水，还坚持天天帮卢宝军打饭、洗餐具。卢宝军换下的脏衣服，不用叮嘱，他就主动拿去洗干净。同学们开玩笑说宝尔像个保姆，他回头一笑，说："谁叫我是生活委员呢！"

宝尔从入学的第一天起，就是遵守纪律的标兵。在同乐小学走读时，他从未因路途遥远而迟到、旷课。据覃仲宝老师介绍，宝尔在同乐小学就读时，有一天在学校趴课桌午睡醒来，感冒发烧，满脸通红。同学发现后报告老师，由于学校没有校医，老师无能为力，只能安排同学送他回家。但宝尔不想缺课，他告诉老师，平时在家出现这种情况，他奶奶帮他扯痧（一种刮痧方法）就好了。于是，覃沁老师把宝尔带回自己的宿舍，让师母帮他扯痧。很快，宝尔感觉舒服多了。谢过老师、师母，他立即回到教室上课。

欧宝尔刚刚转到大安乡中心小学就读的时候，学习成绩一般，排在班里的中等水平。他的语文科作文不好，成绩靠后。为了赶上成绩优秀的同学，宝尔每天都最早来到教室，最晚离开教室。此外，他还经常自我加压，自开小灶。当时，语文老师蒙建凡住在学生宿舍旁边。晚上放学后，欧宝尔经常上门讨教。有时向老师请教一些语文方面的疑难问题，有时把课堂外额外写的作文拿来请老师批改点评。老师认为写得不好的地方，宝尔就拿回来反复修改，直到老师说好为止。功夫不负有心人，一学期下来他的成绩慢慢进到了前十名。小学毕业那年，他数学考了 112 分（总分 120 分），语文考了 105 分（总分 120 分），总成绩排在全班的前五名。

宝尔小学时辗转多校求学，六年级前都是在乡下校点就读，学科基础并不扎实。入读七年级以后，经历了几次测试，他的成绩属于中上水平。在蒙老师的鼓励引导下，宝尔发奋努力，在学习上下苦功夫，力争 3 年后考上环江高中。

宝尔的数学基础不错，他主动找到班主任兼数学老师蒙凤敏求教，想要在数学科上进一步提升。蒙老师让宝尔把基础的东西熟练掌握，培养、提高解综合难题的能力，争取在后面两道大题中多拿分，以此提高成绩。

宝尔按照蒙老师的指点和要求，定量苦练，还邀同学韦总贡一同加码练习。为防懈怠，他们约定：谁偷懒，就罚谁打饭、洗盘子。两人相互监督，开展竞赛，并驾齐驱。他们的数学成绩很快成了班里的标杆。

死拼英语也是宝尔在学科成绩上打翻身仗的策略。当时的环江乡下，小学阶段没有开设英语课。上七年级后，大家都是零基础，宝尔有信心把它学好。每到英语课，宝尔都聚

精会神地听，并在课后按老师的要求记单词，朗读课文。每晚睡前，宝尔还会躺在床上看英语单词本，会在熄灯后回忆当天的学习内容。有一天晚上，他在睡梦中说"at school"，引发宿舍里一片笑声。天道酬勤，他的刻苦，换来了他英语成绩的提高。

经过全身心投入，宝尔的学科成绩明显提升。在七年级下学期的期末考试中，他的学科成绩进入班里第一梯队。

◇ 慕英雄改名保尔 ◇

在洛阳中学就读的这几年，语文老师韦桂贤对欧宝尔的影响极大。韦老师科班出身，功底扎实，积累了丰富的教育教学经验，是一个教导有方、爱生如子、认真负责的老师。

韦老师多才多艺，谦和随性，深得学生爱戴。他经常利用课余时间，跟同学们一起下棋、打球。在欧宝尔的心中，韦老师亦师亦友，所以平时经常主动与韦老师交流。虽然欧宝尔的语文基础一般，但入读初中后，想要学好语文的愿望非常强烈。正所谓孺子可教，韦老师经常给他额外辅导。在接触中，两人成了莫逆之交。

2010 年春季学期开学不久，韦老师牙龈发炎，致右腮肿胀，疼痛难忍。周五上午的语文课，韦老师强忍疼痛来到教室，对同学们说："我牙疼，上不了课了，向同学们请假。请大家做练习吧！"

"老师，老师，用温水泡盐水含含，会好些的。""用芦荟擦！""上医院打针买药！"同学们七嘴八舌地向老师支着儿。韦老师从他们急切的声音中感到安慰。

周五、周六，韦老师连续两天到医院打针吃药。周日上午，捂着右腮在床上躺了半天。周日下午，情况稍微好转的韦老师起床要去学生宿舍看看，拉开房门，只见一个红色塑料袋挂在门把手上。袋里装着六枝芦荟，嫩绿新鲜的断口还流着汁液。

韦老师知道肯定是自己的学生拿来的，但不知是谁。

上晚自习的时候，韦老师给同学们说了芦荟的事。目光扫了扫教室，发现宝尔面色涨红。宝尔虽性格腼腆，个性内敛不张扬，但喜怒易形于色，许多事情都写在脸上。

下课后，韦老师就此事问宝尔。宝尔赧然一笑："我们家菜园里有好多，举手之劳。本来想告诉老师的，但当时您还在休息，就不打扰了。祝老师早日康复！"

一股暖流从韦老师心中流过。多纯朴可爱的学生！

作为语文老师，韦老师认为，学生读书学知识固然重要，但树立正确的世界观、人生观、价值观更加重要。欧宝

尔善良、仁厚、利他，是一个自带光芒的少年，未来可期。

一个冬天的周日，暖阳和煦。午后，韦老师正独自一人在校园的操场上晒太阳。八年级的宝尔悄无声息地来到韦老师旁边，从背包里掏出一个红色塑料袋。

他把塑料袋递给韦老师说："老师，今早我在大环江捕到好多河鱼，拿几条给您尝鲜。"

韦老师以自己不擅烹调鱼虾为由婉拒。宝尔却不依不饶，说道："这些河鱼纯野生，腥味浅，味道鲜。烹调很容易，去鳃破肚，清除内脏后，用姜片、老抽、料酒腌渍一下，水煮、油煎、黄焖都可以。"

看到宝尔态度认真诚恳，感情真挚淳朴，韦老师不忍再推辞。

随后，韦老师与宝尔聊了一些学习上的事，又询问宝尔周末回家有没有碰上什么好玩的事情。他让宝尔把有趣的事情写下来，提高写作能力。

宝尔告诉韦老师，他这周回家，还真碰到一件很好玩的事情。他的两个堂叔一起喝酒时，为宋朝起义英雄区希范是不是环江人，他造反有没有意义，他与欧家有没有关系等问题争得面红耳赤，差点就打起来了。幸亏众人劝阻制止及时才没有打成。

末了，宝尔就此向老师请教。韦老师从欧宝尔的这一问中，察觉到他有英雄情结和宗亲情愫。

韦老师告诉宝尔，区希范是环江人。据说他原名叫欧希范，受汉朝欧氏族人欧安改姓故事的启发，改名区希范。

欧安是汉朝富商，乐善好施，深得人们尊敬，汉景帝很赏识他的为人。景帝认为他的名字不好，对他说：你才德兼备，欠什么呢？姓氏"欧"应去除"欠"。在封建时代，被皇帝赐姓是一种荣誉，欧安拜谢接受。于是，欧安便改姓为"区"，成为区安。

欧希范认为，自己也不欠天不欠地，有学识品行正，姓氏中也不应该有"欠"。于是，欧希范变成了区希范。

区希范曾考中进士，还有军功，却不被朝廷重用。他感到不公平，前往开封，到朝廷摆功劳、求录用。朝廷责成宜州地方官处理此事。宜州知州冯伸己来自中原，有很深的民族偏见，不但不录用他为官，还把他抓起来送到广西北部的全州，由地方官监管。

区希范伺机从全州潜逃回乡，揭竿而起。他要用斗争讨回公道。当然，区希范的造反没有成功。他战败被俘，惨遭杀害。区希范死了，与他一同起义的将士也死了。但是，他们用生命纠正了宋朝统治者对南方少数民族的偏见，他们用鲜血改写了宋朝宫廷对南方少数民族人才的录用政策。

南方少数民族人才的融入，有效推动了骆越文化和中原

文化的交流与融合，对促进南方少数民族地区经济社会发展和文化繁荣产生了无可替代的作用。这是区希范起义、牺牲的价值和意义。

聆听完韦老师的阐述，宝尔对区希范、对人生价值有了新的思考和认识。

韦老师还经常结合德育方面的故事、事例，引导学生涉猎课外读物，拓展知识面，让学生通过阅读开阔眼界、陶冶情操。

在八年级下学期，语文教材的名著导读要求学生对苏联作家尼古拉·奥斯特洛夫斯基所著的长篇小说《钢铁是怎样炼成的》进行摘抄，写读书笔记。韦老师在布置这项任务时，全面介绍了小说塑造的钢铁战士保尔·柯察金的成长道路。他着重强调，一个人只有在革命的艰难困苦中战胜敌人，也战胜自己，只有把自己的追求和祖国、人民的利益联系在一起，才会创造出奇迹，成长为钢铁战士。

当韦老师讲到"保尔"时，全班同学的目光都投向宝尔，盯得原本就腼腆的他，脸一片通红。

韦老师看出宝尔的窘迫，为他解围说："保尔·柯察金是苏联的红军英雄，欧宝尔热爱班集体、关心他人，是我们班的英雄。"

韦老师话音未落，班里就响起雷鸣般的掌声。宝尔的脸

一直红到耳根，但是，他的神情坚毅，目光坚定。

　　临近下课，韦老师要求同学们都要到学校图书室借阅《钢铁是怎样炼成的》这部长篇小说，认真通读原文，深刻领会原义，摘抄名言警句，撰写读书心得。要结合作家尼古拉·奥斯特洛夫斯基的人生经历，分析把握小说塑造的保尔·柯察金形象，理解英雄特质，把准英雄形象，汲取英雄养料。

　　下课后，欧宝尔冲到学校图书室，借到了《钢铁是怎样炼成的》，便一头扎进书里。

　　宝尔对保尔·柯察金佩服得五体投地。他特别钦佩保尔·柯察金爱憎分明的阶级立场、纯洁崇高的道德风貌、高亢激昂的革命激情、百折不挠的生命活力和坚硬如刚的顽强意志。

　　读完一遍，意犹未尽。放假以后，宝尔再次向学校借了这本书回家。当时，他的妹妹欧玉甜刚刚 1 岁，尚需大人照看。宝尔申请在家照看妹妹，同时可以阅读《钢铁是怎样炼成的》。

　　宝尔被保尔·柯察金的事迹感动。他深深地爱上了这个英雄，从心底里膜拜这个英雄，同时也想起了隔壁村同乐屯那个从环江到珠江的英雄——覃振勤。突然，宝尔有了一个大胆的想法：当年覃振勤爷爷改名明志，终成大器，我为什么不能效仿呢？

不久，宝尔向父母提出改名的机会来了。有天晚上，父亲欧造而下工回家，看见儿子既不做习题，也不读教科书，而是全神贯注地在看《钢铁是怎样炼成的》。

父亲纳闷："你要学炼钢炼铁？"

宝尔赶忙解释："这不是教人炼钢炼铁的书，而是教人怎样炼成钢铁般意志的书。"

父亲似懂非懂地点头。

宝尔趁机说："书中这个人叫保尔·柯察金，可厉害了！他通过千锤百炼，终于炼成了钢铁般的意志。他叫保尔，我也叫宝尔，我今后要成为像他一样意志坚强的人。"

欧造而听后高兴地连连点头赞许。

宝尔又说："虽然都叫'Bao'er'，但是，他是'保卫'的'保'，我是'宝贝'的'宝'，并不完全一样。我小时候是家里的宝贝，但长大后我也想去保卫祖国，保护人民的生命财产。所以，我想在新学期把名字改为'欧保尔'。"

听到这里，欧造而不再点头了。他对宝尔说："你的名字是欧树康爷爷算了生辰八字给起的，说你是五行缺金，起名当取含金的字来补。你这个'宝'就是补金来的，不能乱改！"

见父亲态度坚决，自幼懂事的宝尔便不再说什么了。

转眼，新学期开学了。没改成名字的宝尔与同学们回到学校，就读九年级，为上高中做最后冲刺。

直到有一天，在和韦老师交流阅读《钢铁是怎样炼成的》心得时，宝尔说出了改名的想法和父亲不同意改名的理由。

韦老师听后爽朗一笑，说："对于名字，你父亲有他的想法，你有你的想法，但五行八字本就是虚幻的，人的运势经历还得靠自己。所以，名字就是个代号，自己喜欢就好。"

宝尔决定效仿覃振勤爷爷，改名明志。周末回家，宝尔把老师所讲的改名故事向父亲转述，耐心说服父亲允许自己改名。欧造而觉得老师说得有理有据，儿子的请求合情合理，于是，同意了儿子的改名请求。

于是，九年级下学期，欧宝尔正式把名字改为"欧保尔"。榜样的力量是无穷的，从此以后，英雄保尔·柯察金就成了欧保尔的榜样，成为他期待中的未来的自己。这个未来的自己会要求他变成一个努力的人，树立远大志向，培育高尚品德，形成强大的意志力，成为一个优秀者。

◇ 救人一命寻常事 ◇

2011年五一节放假，保尔随同班好友卢宝军去普乐村大屯玩。那是卢宝军的外婆家。这次普通的出行，却经历了一件惊心动魄的事。

　　普乐村距离洛阳中学五六公里，那里有许多野生杨梅。5月份是杨梅成熟、采摘的大好时节。

　　每到杨梅成熟季节，卢宝军都绘声绘色地讲述外婆家普乐村旁边小山坡的美好景象：大环江畔微风荡漾，野生的杨梅树果实累累如珠，颗颗饱满圆润，咬在嘴里酸甜甘爽……惹得大家垂涎欲滴，一个个在他的叙述里听梅止渴。终于，在九年级的五一假日里，欧保尔和小伙伴们把心动变成行动——摘杨梅去，一品那闻名已久的美味。

　　5月1日早餐后，欧保尔等4人出发前往卢宝军的外婆家。他们骑着自行车在路上你追我赶，不到20分钟就到了。

　　他们带上柴刀，背起小竹筐，提着手提篮，步行50分钟左右，来到了大环江畔的一个小山坡。放眼望去，草木葱茏，几株杨梅树上红彤彤的果实挂满枝头，枝丫都被压弯了。一些向阳的杨梅已经由红变紫，望一眼就味蕾全开。

　　他们用柴刀劈开杂草和荆棘，来到杨梅树下，保尔立即拿出小时候上山摘野果的绝技，躬身猫腰上树。卢宝军、韦总贡也如猴子般爬了上去，韦宇央在树下提筐递篮，看着保尔他们在树上表演攀爬摘取绝技。

　　树上的传递，树下的承接，他们边摘边吃，谈笑风生，很快就吃得牙齿发软，小竹筐也装满了。4人心满意足地鸣金收兵。

回到卢宝军外婆家已是中午时分。家里已经弄好了午饭等他们，有黄焖鸡肉、炒五花肉、炒蕨菜……几个小伙子忙乎了半天，正好饿了，也不客气，放开肚皮，狼吞虎咽。

　　吃饱喝足之后，他们立刻返回学校。每个人的自行车头都挂着一个小塑料袋，里面装着他们的战利品——杨梅。他们好似打了大胜仗凯旋的将士，一路高歌，一路欢呼。

　　天气炎热，出到村口，卢宝军就提议到溪里洗个澡凉快凉快。大家纷纷赞同，但保尔提出异议，他说："野外河溪情况复杂，我们不熟悉地形，学校也严禁下河游泳，还是算了吧！"

　　卢宝军说："我熟悉地形。沿着这条田坎走到尽头，有一个小码头，那里有一个水潭，水面宽阔，水流平缓，很适合游泳。我经常在那里游泳洗澡的。"

　　保尔坚持说："不行，我们不能违反学校规定！我们就在树荫下歇一歇凉快一下，不要下水了吧！"

　　大家见保尔说得在理，就不再说什么。

　　他们在树荫下休息了十来分钟，正准备重新起程时，溪边传来了慌乱的呼喊声。保尔听到后立即沿着田坎向溪边飞奔过去。原来，有几个八九岁的小学生在游泳，其中一个可能是脚抽筋，沉下去了；另一个见状，前去抢救，也沉下去了……其他人再也不敢轻举妄动，只能在岸上焦急地呼救。

保尔察看了一下水潭情况。前几天刚刚下过一场大雨，溪水还有些浑浊，能见度不高，看不见溺水者。

15 岁半的保尔自幼生活在环江边，深知在这种环境中抢救溺水者，十分危险。但是，时间就是生命，救人要紧，他相信自己的能力。在了解溺水者大致方位后，他毫不犹豫地跳入水中，潜入水底寻找溺水者。

第一次潜水探寻没有发现目标，保尔上来换口气后再次潜入水底。这次他发现了目标。一个小孩的双手死死抱住另外一个小孩，被抱的小孩双腿在挣扎，但无法挣脱。见到保尔游过来，被抱的小孩奋力伸手欲抓保尔。保尔见状，立即绕到抱人小孩的后面，用脚猛踢他的手臂。他的手臂猛地一抖，被抱的小孩趁机逃脱了。保尔用左手从背后夹住原先抱人的小孩，右手奋力划游，把小孩拖到码头边。

这时，卢宝军他们也已经来到溪边。保尔见刚才被抱住的小孩挣脱后，还能自主浮出水面，示意卢宝军把他救上岸。

上岸后，保尔发现自己救的那个小孩因为溺水时间较长，呛水过多，已经昏迷过去了。他以前在老家见过这种情形，在学校也学习过有关知识，了解抢救的基本方法，他立即跪在小孩旁边，一手压住小孩前额，一手提起小孩下颌，清除小孩口鼻中的泥沙等异物，接着与卢宝军他们一起为小

孩做人工呼吸施救。

当小孩的家人闻讯赶到时，小孩已经恢复了意识。看到小孩的家长已经到场，保尔他们悄悄地退出人群，骑上自行车，返回学校。等到获救小孩的家长回过神来寻找他们时，他们早已无影无踪。

这样的事情，在保尔以后的生活中还有很多。无论是面临救人于危难的大事，还是同学日常生活中的琐事，保尔都处变不惊，从容淡定，就当是完成分内事。他种种勇于付出的表现，让他光荣地加入了中国共产主义青年团，多次被评为优秀团员、优秀学生班干部。

2011 年中考，经过 3 年的努力拼搏，在激烈的淘汰考试竞争中，保尔考上了理想的学校，全县唯一的自治区示范性高中——环江高中，开启了人生全新的征程。

◇ 踏入环高①开启新篇 ◇

8 月下旬，在刚刚立秋不久的南国，秋老虎的威力丝毫不逊于盛夏，而比天气更火热的，是那些即将奔赴高中校园

---

① 环高：指环江高中。

的青春学子们，其中就有刚刚从洛阳中学毕业的欧保尔。

　　在等待开学的日子里，欧保尔每天在家中与父母一同劳作，采桑喂蚕。蚕宝宝在人们的喂养下一次次蜕变长大，少年保尔也在蜕变成长。

　　2011 年 8 月 25 日早上，保尔与父亲一道乘车来到环江县城。在购置好相关的行李和生活用品之后，父子二人一同前往环江高中。

◎ 在环江高中求学时的欧保尔

　　环江高中是当地声名远播的学校。从办学规模、教学设施、师资力量各方面来说，都是优秀学校。它创建于抗日烽火中，坐落于望峰山脚下，绿树成荫，繁花似锦，朝北敞开

的大门古朴典雅，庄严大气，闪耀着知识、人文、智慧的光辉，展现着自强、优秀、卓越的校园风貌。它是环江毛南族自治县千千万万家庭的向心力，是环江少年心中神圣的殿堂，是高校教育、国家建设的优质生源基地。

◎ 广西壮族自治区示范性高中——环江高中

　　幸运的保尔怀着跃动的、温暖的心踏入校园，在学校公布的分班名单中，找到了自己的班级——11-14班。这个班号一头连着入学，一头连着毕业，居于其间的是少年学生忙碌充实而又多姿多彩的高中生活。11-14是班上同学永恒的记忆。

　　办完各项手续后，父亲告别了保尔，乘车回家。初来乍到的保尔独自徜徉在美好的校园中，满心好奇，陶醉不已，他渴望自己在这里汲取养分，修养品行，增长才干，实现

梦想。

开学的当晚,班主任梁汇湘老师将大家集中在教室,介绍学校的各种情况,包括学校概况、规章制度、作息时间等。高中是人生成长的关键阶段,也是人生梦想能否实现的攻坚阶段,梁老师鼓励同学们要从进入高中的大门开始,就明确自己的目标,树立自己的理想,并坚持不懈地为实现自己的理想而努力奋斗。

在新的班级里,看着一张张陌生的面孔,保尔既激动,又庆幸。激动的是即将开始新的生活;庆幸的是,自己从小到大,到哪儿都能遇到一批好同学、好朋友。

※ 欧保尔与同学们在环高校园内留影(左五为欧保尔)

在宿舍，舍友们自报姓名，并述说家乡和初中毕业的学校等信息，大家很快就熟络了起来，感情急速升温。保尔了解到同桌蒙禹跟自己有着共同的爱好——打篮球。

　　第二天开始军训。班上的教官年轻帅气，有良好的军人素养，在他的带领下，同学们每天都进行队列练习、内务整理、行为养成等训练。

　　在军训的日子里，大家精神饱满、斗志昂扬。初秋的烈日把他们的面庞晒得黝黑，汗水模糊了眼睛，浸透了衣衫，就连鞋底都磨破了。只要听到教官的指令，大家就会立马行动，不敢有丝毫怠慢。到了晚间，除了基本的操练，还有各班、各连队之间的拉歌比赛，以及学习国防教育知识和思想教育知识等。

　　军训期间，除了休息时间，每天望峰山下都会传来坚定的口号声和嘹亮的军歌声。

　　保尔凭借着自己过硬的农村娃身体素质，在军训中表现良好。当然他没想到，3年后自己会正式加入部队，成为真正的军人。

　　最终，为期一周的军训在盛大的会操表演中结束了，而保尔高中时代的学习生活由此拉开序幕。

◇ 老班^①眼中的好班干 ◇

相比初中，高中的课程难度和学习压力显然要大得多，尤其是作为自治区示范性高中的环江高中更是如此。每天清晨 6 点刚过，大家就要起床，以最快的速度洗漱和整理内务，然后到食堂吃过简单的早餐，就奔赴教室。高中的教室就是青春拼搏的火热战场。

在上午 5 节课，下午 3 节课，加上晚间 3 节自修课的学习强度下，各位老师与学生在平凡岁月里一起攻克难关、攀登高峰，造就了一个个不平凡的日子，期待着他们能在 3 年后的高考中经得起检验，考上自己理想的大学。

在日渐深入的学习中，保尔慢慢地喜欢上了文科，虽然他的成绩在上高中之后就一直不太理想，在班上只属于中下水平，但他从不气馁，也不言弃。每天宿舍里最早一个起床的是他，每晚自习最后一个离开的也是他。到了周日下午，学校规定的自由外出时间，他也很少外出，总是留在教室里看书、做练习。在同学们的记忆中，这个在运动场上生龙活

---

① 老班：对班主任的昵称。

虎的保尔一旦进入教室，就好像换了个人一样，大多时候都是一副认真执着、奋笔疾书的样子。

他不但自己勤恳努力，还常常勉励身边的同学，比如舍友蒙禹，保尔对他说："学习就是教导我们要修身养性，净化灵魂，积淀磨砺，这样我们以后才有可能成长为中华文明的继承者和传播者，才能在祖国需要的时候挺身而出，无所畏惧。"他是这么说的，也是这么做的。

在朝夕相处中，保尔渐渐熟悉了自己的老师，尤其是班主任梁汇湘老师。梁老师高高瘦瘦的，略显稀少的头发显得前庭开阔，充满智慧。他有时会戴着一副黑框近视眼镜，镜片后面的双眼给人以严厉之感，但严厉之中又透露着无限的关爱与宽容。

11-14班班主任梁汇湘老师准备"检阅"自己的"部队"（第二排右三为欧保尔）

在班级管理中，梁老师推行民主制度，充分调动同学们的积极性，让大家广泛参与，即使是班纪班规与舍规也交由同学们起草，让每个同学都能成为班级的主人。在梁老师的理念中，学生不仅应该个性突出，更应该有"独立之精神，自由之思想"。

同时，他为自己所带的 11–14 班量身定做了班训、班歌与班级核心价值观，将班主任工作做得细致入微。正如他在班级黑板上方所写的横幅一样——每位同学都是无可替代的！为了勉励同学们好好学习，他还在教室的后方印了一句响亮的口号：让每一天都有机会成为我人生中最美好的一天！

◎ 环江高中 11–14 班教室后方悬挂的口号

◎ 环江高中 11-14 班教室内景

为了让师生心灵沟通实现零距离，梁老师还在班上放置了一本班级日记，每个同学都可以采用匿名或实名的方式向大家倾诉，其中有诉说压力的，有安慰好友的，有倾吐成长烦恼的，有提出学习困惑的，有寄语老师的……老师和同学们可以通过班级日记，了解彼此的心理动态，适时提出指导或做出调整，实现心灵沟通零距离。梁老师则会每天在上面写一句班主任寄语，同学们把它们称作"梁氏鸡汤"，并把自己的班主任梁老师亲切地称为"老班"。

正是在梁老师的悉心教导之下，11-14 班的同学团结、

勤奋，他们通过民主选举，推选出了班委，班委又在班主任的指导之下管理班级，服务师生。保尔因爱好运动、勤于思考、勇于担当，毛遂自荐地竞选了体育委员，一干就是 3 年，个人的岗位照也被挂在教室前方的班级委员会公示栏中。公示栏的两旁分别写着"严格要求自己"和"热情服务班级"。

◎ 11-14班班委公示栏

担任班委委员期间，保尔积极履行职责，勇于开拓创新。他做了两件影响班级，进而影响学校的大事。一是在环江高中开倡导购买班级书架，实现书架进教室之先河，让同学们将平时使用频率不高，但又还需要用到的书籍放到书架上，以此减轻课桌的"负担"，既美化了教室环境，又提高了学习效率，还为同学们互通有无提供了方便。二是撤掉教室垃圾桶，要求每位同学自备垃圾袋，自己清理个人垃圾，开创了环江高中教室无垃圾桶、班级无值日生、环境卫生却一流的新历史。此举不但得到了全班师生的一致认可，而且还引来了其他班级竞相效仿。从此，班级书架、无班级垃圾桶成了环江高中教室的独特配置。

◎ 欧保尔等倡导推行的"书架进教室"活动

　　同时，在班服的选择与设计上，保尔与其他班委委员一起，选择了印着雷锋头像的白色红领 T 恤衫。T 恤衫上还印着毛主席"为人民服务"的手迹。也就是从那时起，保尔将这五个字印在了自己的心中。

欧保尔参与设计的 11-14 班班服

◇ 严师齐心育高徒 ◇

在同学们的印象中，保尔留着一个颇酷的发型，配着他那张秀气的瓜子脸，额前还有点刘海，有点腼腆，有点帅气。那时的保尔为人低调，名字却洋气十足。在英语课上，每每老师念到"Paul"的时候，大家就会嬉笑着叫保尔。保尔从不生气，也眯起亮亮的小眼，跟着大家一起笑。

班主任梁汇湘老师对保尔则有着更为丰富而深刻的印象。保尔着装简朴，夏天常穿的衣服是班服，冬天常穿的衣服是校服。可是，生活简朴的欧保尔却也有着自己慷慨的一面。

梁老师至今记得，在 2012 年 5 月，欧保尔念高一时，本年级有一位同学的母亲身患绝症。在学校团委发起募捐之前，他已闻声而动，慷慨解囊，把自己一个月的生活费全部捐出，并写了一封信鼓励这位同学，让他相信，他母亲的病在大家的大力帮助下一定会有好转，并嘱咐他，不管如何困难，都不要放弃自己的学业和梦想。

在所有的高考科目之中，保尔与班上多数同学一样，都喜欢地理老师覃壮雪的课。用同学们自己的话来说，就是覃

老师上课有他独特风趣的教学风格。

　　但对保尔而言，喜欢覃老师还有着自己的原因：一是覃老师的老家与保尔的老家虽然隶属于不同的乡镇，但中间只隔着一个村庄，即前文说到的原广州军区覃振勤大校的家乡——洛阳镇合作村同乐屯，大有"亲不亲，故乡人"的味道。二是覃老师也是一个篮球运动健将，他打篮球时的篮底发球反攻，一发球就直接奔着对方的篮筐而去，这一招给热爱篮球的保尔留下了深刻的记忆。三是性格豪爽，很有大哥风范。

　　数学科的黄玉玲老师，30来岁，平易近人，和蔼可亲，为人善良，很有耐心，不仅关心同学们的学习，也关心同学们的生活，因此深得保尔和同学们的喜爱。

　　语文科先是梁靖严老师带。当年，她作为高校优秀生入职环江高中，富有激情，为人严谨，又与同学们年龄相差不大，常常在课余时间与同学们无话不说，谈笑风生。后来，梁老师改行调去了外地，接任的王淑斌老师更是敬业有加，她因两个特点，给同学们留下了深刻的印象。一是时尚。在同学们的记忆中，王老师着装讲究，搭配适宜，显得既精神又靓丽。二是王老师思想工作做得好。每周周末，她都会一一打电话给各位家长，汇报孩子们的语文学习情况，包括优点、不足和改进措施，以至于很多家长一度误认为自己孩子所在的班级已经换了班主任。

此外，教英语的黄忠道老师、莫奕旎老师，教政治的莫俭茂老师、蒙全保老师都是富有才华、个性鲜明的老师，无不给包括保尔在内的各位同学留下相当深刻的印象。

作为班级跟班领导的教研处谭许万主任，更是让欧保尔印象深刻。谭老师从基层小学教师起步，踏实，努力，有才华，因为工作成绩优秀被调到环江高中，一路带平行班、重点班、加强班，后来又担任学校领导。他是高级教师，是环江为数不多的，也是最早的特级教师之一。在每周的班会课上，他都会深入班级，走近学生，并用自身的成长经历激励学生。

🔥 11-14班师生聚餐（右一为欧保尔）

在谭老师讲述的个人经历中，有一件事特别令人难忘。在上世纪 80 年代，他曾经脚踩自行车，从南国的环江出发，前往首都北京。可惜，自行车在湖南出了故障，最后他只好改坐火车去北京。每每说到这里，谭老师都会面露遗憾，但同学们仍为他"说走就走"的精神所打动，于是更喜欢这个大侠味儿十足的老师了。

正是因为有了这些可亲可敬的老师的栽培，保尔与同学们才如雨后春笋般茁壮成长。

◇　文科班里一暖男　◇

在文理分班的时候，保尔考虑到自己不擅长理科，而文科中的历史、地理却还不错，就选择了文科。根据学校安排，理科生分出去，文科生留在本班。他非常高兴，因为身边的好同学、好兄弟也有不少人留在本班学习文科。保尔是一个重感情的人，他爱 11-14 班，爱这个班的老班，爱这个班的同学，自己早已深深融入这个班级。

在校内举行的各类活动中，保尔不是作为班级代表去参加活动，就是跟老班和班委一起组织同学们去参加，为同学加油呐喊。其中就包括新生杯篮球赛、年级拔河比赛、迎新

年元旦晚会、家长会、班级聚餐等。

🔲 环江高中家长会 11-14 会场

在班上，保尔以自己的阳光、善良和善解人意赢得了多数同学和老师的认可。在同班同学覃香暠的记忆中有着这样一件事："一次下课后，我跟覃莎在教室里追逐打闹，跑过保尔的座位时，覃莎的衣角不小心把保尔的眼镜碰到地上了。我从后面追过来，来不及刹车，一脚把保尔的眼镜踩得支离破碎。事发之后，我很慌张，马上找保尔道歉，表示要给予赔偿。没想到保尔竟然一点都不生气，甚至连任何烦躁的语气都没有。当时离可以出校配眼镜的周日还有好几天呢！接下来的几天，保尔可能会因为看不清黑板而不舒服，甚至会影响学习，但他却一笑而过。"

在同班莫慧文同学的记忆中，保尔更是妥妥的一枚暖男："他是一个比较含蓄的人，所以话不是很多。让我印象最深的是高一分科后，他当时就坐我邻座。冬天，矿泉水的瓶盖真的很难拧开，他看到就会主动帮我拧。这样的行为，持续了一整个冬天。这件事情，我记了很久很久。因为我怕别人笑我弱不禁风，所以瓶盖拧不开的时候，我就用牙咬。只有他打心底里觉得我是需要帮助的。他是个真心为同学着想的好人，所以我不害怕麻烦他，经常找他帮忙和借他东西。他真的是那种很细心，又特别善良，脾气也特别好的人。"

◎ 丰富多彩的高中校园生活（左一为欧保尔）

保尔酷爱运动，尤其喜欢打篮球。到了高中，学习非常紧张，所以只要有时间，保尔都会在下午放学后，约上几位球友去打球放松，用运动缓解压力，劳逸结合。因为他个小

机灵速度快，队员们经常安排他打后卫，他利用自己的优势，进行穿插突破，常常将对手打得措手不及。

在班会课上，他常侃侃而谈，阐述自己对班级管理、学习生活的心得。在家长会上，他作为学生代表进行发言，说到动情处，会泪水直流，感动了无数的家长与师生。在服务班级时，他还会组织大家营造惊喜，策划仪式，为班主任、班长等庆祝生日。

◎ 欧保尔组织同学们为班长庆生（穿着条纹T恤衫者为欧保尔）

◇ 烈士亭边立大志 ◇

位于学校后面的望峰山是环江烈士陵园所在地。一个周末，保尔趁着休息，与几位同学一同前往环江烈士陵园，瞻仰缅怀烈士。

◎ 环江望峰山烈士陵园烈士亭

登顶之后，首先映入眼帘的就是烈士亭。亭子中间矗立着一块烈士纪念碑，碑后是一座半球形的烈士墓。走到纪念碑前，有一位同学说道："保尔，这里有你写的一段话呢！"保尔凑近一看，兴奋地说道："我知道，这也是我改名保尔的重要原因！"于是同学几人就围着烈士纪念碑默念着下面这段文字：

"人最宝贵的东西是生命，生命属于人只有一次。一个人的生命是应当这样度过的：当他回首往事的时候，他不会因为虚度年华而悔恨，也不会因为碌碌无为而羞耻。这样，在临死时候，他就能够说：'我整个生命和全部的精力，都已献给世界上最壮丽的事业——为人类的解放而斗争。'"

◎ 烈士纪念碑

　　这段文字摘自《钢铁是怎样炼成的》，是主人公保尔·柯察金说过的一段话。在初中行将毕业之时，保尔正是看了这本书才改名为欧保尔的。

　　在烈士亭边，还矗立着两块巨大的石碑，上面密密麻麻地写着近 200 名烈士的姓名、性别、年龄、籍贯、单位、职务、牺牲时间和地点。他们大多为环江人，也有不少外省的，有男有女，年龄大都在二三十岁，最小的才 18 岁，与当时的保尔等人年龄相仿。他们当中，有人牺牲于解放战争，有人牺牲于朝鲜战场，有人牺牲于地方剿匪，有人牺牲于灭火救灾。他们的身份也各不相同，有的是解放军指战员，有的是志愿军战士，有的是护理员，有的是民兵，还有的是教师，等等。但他们的信仰是一致的，那就是为国为民，献出生命。

　　看着一个个为了国家独立、为了民族解放、为了人民幸福而牺牲的先烈的名字，保尔与同学们深切地感受到今日的幸福生活来之不易。那一个个名字的背后，都曾是一条条鲜活滚烫的生命。

　　从烈士亭出来，往南走，下了三四十级台阶，保尔等人就看到一尊相当雄伟的雕像，雕像底座的西面刻着几个篆书大字：英雄不死，永志人心。题词的是中国人民解放军总司令朱德。保尔和同学们知道，这是环江名将——卢焘将军的雕像。

◎ 望峰山烈士陵园卢焘烈士雕像

◎ 朱德给卢焘烈士的题词

在雕像底座的正前方，刻着卢焘烈士传略。大家读着卢焘烈士的传略，对这位名将敬佩不已。据说，卢焘在16岁时，就干了一件"惊天动地"的大事。那时的他，在大姐、大姐夫的资助下，在庆远（今广西宜州）读书。趁假期，卢焘跟随在象县（今广西象州）任军职（主事）的大姐夫郭醴轩到象县游玩。其间，郭醴轩带兵去了柳州。当地的匪首探知郭醴轩不在象县后，集结匪徒数十人，去抢劫象县县城郊区农民的耕牛与财物，当晚又围攻县城。

由于城内留守的兵丁不多，一时间，官兵惊慌失措，居民更是人心惶惶。此时，少年卢焘挺身而出，组织城内青壮年拿起鸟枪土铳，协助兵丁上城防守，又派人赶赴柳州报告郭醴轩。并在夜间通宵点火，敲锣示警，巡逻通道关口，使土匪无法破城。天亮时，大家见到匪帮只带着少数土枪，武器弹药还不如守城兵民，便打开城门，冲杀而出。匪帮力不能支，丢弃财物，争相逃命而去。经历此役，象县各界对少年卢焘大加赞赏。

读罢传文，同样身为少年的保尔跟大家说："男子汉，就当如此！"回到校园后，欧保尔又投入到日益紧张的学习之中。2012 年清明前夕，保尔所在的班级代表学校再次来到望峰山上，祭扫革命先烈，在庄严肃穆的气氛中，大家对革命先烈更是敬仰、钦佩。

同为环江人，卢焘是靠自己的努力成为将军的。欧保尔认为，只要自己努力，将来纵使不能成为像卢焘一样的将军，也一定能够像英雄那样为社会、为人民做贡献。

◇ 决战大考迎捷报 ◇

在进入高三之后，学生学习压力加大，为了增强学生体能，舒缓压力，学校提倡每天下午第八节下课后都要进行集体跑操。全年级的统一要求是跑 3 圈，但保尔总是带着全班同学跑满 5 圈。起初，有的同学不赞成、不想跑，身为体育委员的保尔以身作则，不但自己一直领跑，而且他手中始终举着分量不轻的班旗，愣是把11–14班跑成了校园里一道独特的风景线。见保尔如此执着，同学们也就跟着他迎难而上，强化训练。这风景线上，有着对健康体魄的要求，有着火热青春的执着，更有着对未来梦想的追求。

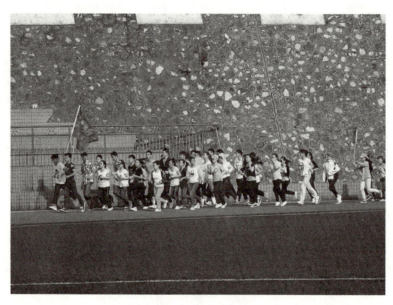

○ 欧保尔领跑的11–14"战队"

为了让自己的班级在跑操时，跑出最佳的状态、最强的气势，班主任梁汇湘老师还专门编写了别具一格的跑操口号，鼓励同学们顽强拼搏。

在一次次的奔跑中，同学们的高考目标更加明晰了，理

想中的大学也更加明确了。全班同学之中，有的向往北方，希望能跨长江过淮河，每年都能欣赏北国之雪，或是东北之花；有的向往大西南，风景秀丽、民风独特、美食缤纷的川渝滇黔都在考虑之中；但更多的同学还是希望考上区内不错的本科院校，如此不仅便于往返，也为以后留在区内发展提供便利。

保尔学习努力，但成绩不够理想。究其原因，可能是方法不得当，抑或是心理压力大，考试结果总是不尽如人意。但他并没有气馁，仍然积极、努力、坚韧。他给自己确立了目标，这目标被他写在了同班韦美妙同学的毕业留言册上："还记得我们三个（我、你、翠）共同的梦想吗？——财经学院。如果真能考上，那该多好啊！你们一定要加油哦，我在背后永远支持你们。我知道我的水平，但我也没有放弃啦。我正在努力追上你们哦。小心点，不要被反超哦。我们一起加油吧！为了梦想而奋斗，坚持就是胜利。狭路相逢勇者胜，奋进的步伐永不停息。加油！"

除了跑操，老师与同学们还尝试用其他方法来释放高三学习的压力。在同学们的印象中，高三那年的一个晚上，英语老师准备了糖果，组织大家一起排长队跳兔子舞。同学们一起手牵着手，围成一个大圈，然后一直转圈跑，边跑边喊，试图把所有的压力与烦恼都释放出来。

◎ 欧保尔与高中同学合影（右一为欧保尔）

　　高考百日誓师大会那天，保尔的父亲再次从乡下老家来到学校参加儿子的成人礼。看到儿子与众多同学共同迈过成人门，走过成才门，跨过成功门的时候，他开心地笑了。从这一天起，他的儿子欧保尔正式长大成人了！

　　随着高考的步步临近，高三学子的神经也在不断绷紧，在一次次的模拟考中，保尔的成绩距离自己理想的大学——财经学院始终还差一截，但他总是在心底勉励自己：有志者，事竟成，破釜沉舟，百二秦关终属楚；苦心人，天不负，卧薪尝胆，三千越甲可吞吴。

　　经过多次的模拟考试之后，2014 年的 6 月终于到来，2014 届高考也正式拉开帷幕。高考前，保尔专门给家里打了电话，告诉爸妈：自己已做好准备，大学是肯定能考上的，至于能否考上自己理想的大学，就要看临场发挥了。

保尔的爸妈一直都尊重孩子的独立判断与自主选择，在叮嘱欧保尔要好好考试后，鼓励他说："不管考得哪个大学，我们都会支持你！"

6月5日，梁汇湘老师给带了3年的11-14班全体同学写下了留言寄语。

11-14班全体同学：

当你们的历史老师真好！作为你们的班主任很幸运。因为我们曾经努力过，我们曾经被彼此感动过，我们留下了深厚的感情，建立了深厚的友谊。

后天你们就要赴考，考场如战场，需要有勇有谋，需要镇定自如，需要胆大心细，需要有舍有得，需要深谋远虑，需要放眼未来。我祝福你们旗开得胜，马到成功！我为你们加油鼓劲，11-14加油！11-14必胜！

同学们，你们即将毕业了，你们就要走了，虽然有点舍不得，真的舍不得，但我不能挽留你们，因为环江高中11-14班只是你们的起点站，不是你们的终点站。你们继续前行，我原路返回。

6月6日上午，11-14班全体同学在班主任梁老师的指导下，自行设立幸运箱，互赠祝福词。同时，大家还别出心裁，把同学的名字演绎成一段鼓舞人心的吉祥话，互相赠送，击掌共勉。接着，全体同学在班旗与班服上签名。之后，班歌再次唱响：

　　　　熙熙攘攘的人海之中

　　　　命运让我们相聚

　　　　繁华都市的日升日落

　　　　映在我们眼底

　　　　追求真理的一点一滴

　　　　我们不会轻易放弃

　　　　相信只要我们在努力

　　　　未来将无比绚丽

　　　　也许成长的日子里

　　　　一路是坎坷荆棘

　　　　也许一路的风风雨雨

　　　　会溅上满身污泥

　　　　请别放弃别灰心

　　　　还有我们在这里

露出微笑拿出信心

让荆棘风雨全都过去

我们一起努力

我们永远珍惜

成长岁月里

我们是团结的集体

相信我们会创造奇迹

我们一起努力

我们永远珍惜

成长岁月里

我们是团结的集体

相信我们会创造奇迹

……

2014 年 6 月 7 日，高考之战正式打响。全班同学齐声发出高考前最有力的呐喊："11—14 加油，我加油！环高必胜，我必胜！"声音响彻校园，震撼青春！

8 日下午 5 点钟，当英语科考试时间到的时候，一年一度的高考结束了。两天时间，4 大科目，750 分，9 个钟头，终于结束。高中 3 年到此也就接近于画上了句号，剩下的就是毕业聚餐和耐心等待高考成绩的公布了。

◎ 欧保尔与同学们在老师办公室（左一为欧保尔）

　　8日当晚，欧保尔所在班级的全体同学邀上老师一起举行毕业聚餐。这餐饭吃得异常开心，异常热闹。同学们在扒拉过一点饭菜之后，开始相互敬酒，敬同学，敬老师，彼此互敬。虽然也没喝多少酒，但就是拿着水和饮料也要互相敬一下。其实，大家敬的不只是老师和同学，也是在敬自己，敬过往，敬为期3年的宝贵的高中时代，敬无法预知的未来。谁也不知道，今晚一别，以后再次相聚，会是什么时候！

　　这一晚，欧保尔的心，真的醉了。

　　9日早上，在整理好教室与宿舍，处理好相关手续之后，同学们拉着自己的行李陆续走出学校大门。高中3年，一进一出，弹指一挥间。校门口又挤满了家长和车辆，恍若3年前入学时的情景，却又不像3年前的情景，尤其是那青春的模样，还有那成熟而坚定的思想。保尔已从初入高中时的羞涩小男生成长为一个男子汉了。

高考结束后，回到家中的保尔，每天主要的任务依然是帮助父母采桑喂蚕，有时间了就带妹妹玩。

6月23日，环江高中发布了当年的高考信息：全校有31人考了600分以上；220人上一本线，759人上二本线，1079人上三本线。

保尔所在的11-14班也考出了相当优异的成绩，其中1人考上北大留学班，16人上二本，39人上三本，创造了2014届的"三个第一"——同类班级语文平均分第一名，同

◎ 环江高中11-14班毕业合影（第四排右六为欧保尔）

类班级文综（政史地）平均分第一名，总分平均分第一名！

当天，保尔也查询了自己的成绩，可惜分数略低于当年的本科分数线。在填报志愿时，他与好友蒙禹再次产生了默契，两人一起填报了广西交通职业技术学院，并最终被该校录取。

一天，保尔给老班梁汇湘老师发信息，说他下河捕到了点好鱼，要送到环江来给老班。接到信息后，梁老师先是表示了诚挚感谢，同时告诉他，心意已经领了，这鱼就留给家里人吃吧。

但没过多久，保尔就给梁老师打电话：老班，鱼我已经带来了，就在大门口。梁老师走到大门前，看到提着河鱼前来的保尔，已是相当感动；再看到他带来的竟然是已经烹制好的河鱼时，更是感动不已。如此贴心的保尔，让梁老师每每说来都异常动容。

在等待录取的日子里，保尔看见了征兵信息，这激发了他的军人梦，便去参加了参军体检，结果是初检合格，复检合格，政审也合格。最后，当大学的录取通知书寄达的时候，参军入伍的通知书也一同送达。

◆

参军入伍

◇ 投笔从戎入军营 ◇

2014年9月，金秋送爽，这是一个丰收的季节。欧保尔一家迎来了两大喜事：一个是广西交通职业技术学院的录取通知书，一个是武警消防部队的光荣入伍通知书。两好选其一，为难了欧造而夫妇，也为难了欧保尔自己。毕竟考大学读书深造，出人头地，是农家子弟追求的梦想，但做一名军人也是欧保尔少年时期的理想之一，这可怎么办呢？

欧保尔的母亲，这个没上过学只会埋头干活的农村妇女，对孩子的未来没有过多的判断力。她只知道自己的孩子最优秀，孩子的选择就是她的选择。

父亲说："年轻人要上大学，专业知识最重要，我这辈子已经吃够了没有文化、没有一技之长的苦，工种一样，工资却低别人一个档。"

爷爷说："当兵去吧，孙子，军营是一所好大学，是锻炼人的地方，红炉烧好钢嘛！"

武装部的领导说："七尺男儿，一身戎装，投身军营，报效祖国，在部队每年都有考军校的机会，上大学免学费，有生活补贴，更有诗和远方。"

欧保尔看着桌子上一张小孩的"军装"照，心想：小屁孩终于变成兵大哥了，真是梦想花开。原来，那张照片是欧保尔幼时照的。他6岁多的时候，跟父亲去赶集，看见别的小孩穿军装觉得帅气，就嘟囔着要父亲帮自己买一套，试穿后就舍不得脱下，回家后天天闹着要穿。父亲只好又买了一套给他换洗，还专门拍了军装照，照片加了相框，摆放在桌上。他喜欢人们叫他"小解放军"。这是少年欧保尔对军人的

儿时的欧保尔

感性认知：单纯、美好、帅气、英武。

如今的欧保尔理性地分析了自身的性格优劣：当兵可以锻炼一个人的胆识、勇武、决断力、责任心和担当，这是自己身上缺少的意志品质。当兵的契机难得，过了年龄，就再也没有可能了，而上大学还有很多机会。再说，自己是一个普通人家子弟，父母辛苦劳作、打工，上有爷爷奶奶，下有小妹，父母年纪也大了，奉养全家不容易。正如武装部领导说的那样，当兵报效祖国是光荣的，经济上也不用父母负担了，至于在部队里考军校，那是最美好的理想。

通盘考虑后，他的英雄情结占了上风。邻村的覃振勤爷爷，16岁违抗父母意愿，偷偷跑去当兵，从环江到珠江，从广西到广东，从士兵到大校，是欧保尔心中仰慕的英雄。

于是他把大学的录取通知书悄悄锁进抽屉，把军人的责任与担当扛在了肩上。

尽管做了决定，离家前那天晚上，一种复杂的情绪依然涌上心头，兴奋、激动、紧张，夜不成眠。保尔站在窗前，明月高悬，夜风柔和，乡村静谧，想着年迈的爷爷奶奶，年幼的妹妹，勤劳的父母，熟悉的环境和家人，突然都要与自己别离，不舍啊。

这时，父亲悄悄地走到他身后，抚着他的肩膀说："既然决定了，就安心去吧，家里有我和你妈妈呢！到了部队，要

听首长的话，苦练本领，多看看书，别忘记了你的大学梦。想家了就给我们打电话。"平时不善言谈的父亲不知想了多久，才想到这样妥帖的话，作为儿子远行前的叮嘱。

第二天一大早，欧保尔胸前戴着大红花，被父老乡亲送到村头。待保尔上车后，他透过车窗，看到父亲削瘦的身影躲在墙角偷偷抹泪，保尔表面装着的坚强瞬间被击穿，泪盈眼眶。这是父与子两个男人的侠骨柔肠。

当时，父亲并没有意识到远行的孩子就像一盏远去的灯，扑闪扑闪就消失了。

"收拾好行囊，部队里有钢枪，也有诗和远方。"这是征兵工作的宣传标语，也是鼓励年轻人实现从军梦想的箴言。欧保尔把这句话记在心里。生活不仅有眼前的苟且，也有诗和远方。

《中华人民共和国兵役法》规定，义务兵只需服役两年。而武警消防部队是一个特殊兵种，要熟练掌握消防技术、消防理论和实用战术，就得花两三年的时间去训练打磨，再花三五年的时间去实战演练，其间要经历无数次的现场救援，才有可能成为一名临危不惧、能战能胜的消防战士。所以培养一名消防战士所花费的时间和消耗的训练资源是相当多的。

欧保尔首先来到位于南宁市兴宁区邕武路的武警广西消防总队训练基地，消防部队新兵每年都会集中在这里训练3

个月。这是每一个新兵入伍后的必修课。训练基地没有欧保尔想象的那么高大上。宿舍、食堂、大教室、田径场、操场、球场、单双杠，错落有致又中规中矩，训练设施齐全。欧保尔自然知道来部队是锻炼学本领的，所以他想：一定要努力，顺利通过新兵训练第一关。

◎ 欧保尔军装照

河边长大的孩子天生就会游泳，戏水、摸鱼也通通不在话下。小学走读，让他练就出了"飞毛腿"的功夫。六年级时，他又开始离开家和父母当寄宿生。即使在家，他也常帮父母干农活、摘桑叶、带妹妹，天生就没有娇生惯养的命。所以，部队训练的这点苦算什么！欧保尔这样想着。

◇ 宝剑锋从磨砺出 ◇

新兵训练3个月，欧保尔遇到了不少困难。环境变化，水土不服，心理压力，新兵训练让他经受了严酷的考验。

其实，新兵训练对每一个初入部队的年轻人来说都是一种挑战。列队、站军姿、齐步、跑步、正步……重复单调，标准量化，训练严格。军营第一步就是使一个男人真正地"立"起来。"站如松，坐如钟，行如风，卧如弓"，部队训练苛刻，走不完的队列，无尽头的体能训练，整不完的内务，爬不完的方格，背不完的理论学习……学得慢的新兵常常会被教官训责。

这里没有手机，没有电脑，没有网络，没有微信，远离社交圈。一群精力充沛的年轻人被隔离在一个封闭的集体里，训练成思想高度统一，行动服从指挥，步调一致，纪律严明，能战能胜的军人。

部队对新兵生活的管理相当严格。比如手机管理，新兵集训3个月，手机要统一交给中队长管理，周末需要用时，可以申领，结束后又被收回。下中队后，新兵手机是由教导员统一管理，如需要手机，可以在休息时间申领。当满一年兵，手机归班长管理，如需打电话，可在晚上申领使用。当满两年兵后，手机由自己管理，但学习、训练时间不准随身带机。各人手机需放在床铺枕头下。休息时间可打电话。睡觉时间不准玩手机。从手机管理的严格制度中，让士兵明白，部队规则意识强、纪律严明，执行任务、遵守纪律不允许打折扣。

第一年的八月十五中秋节，欧保尔的班长安排战士们用固定电话给家人报平安。每个战士只有5分钟通话时间，要想跟家人讲什么，先要拟好腹稿，讲重点，少废话。可惜后来电话占线，打不了。班长只好去把大家的手机申领回来，让战士们痛痛快快地跟家人报平安、聊家常。

手机管理是这样，战士的言行也得中规中矩，吃饭、穿衣、叠被都要求又快又好。

欧保尔在日记中写道："来部队头几个月是没完没了的训练。有些训练科目不达标，被排长一顿训，我心里窝火，就会想念那些上大学的同学，他们或坐在宽敞明亮的教室里上课，或奔跑在绿茵场上踢球，或泡在图书馆知识的海洋里遨游，或三三两两漫步在校园的林荫小道，这样的生活让现在的我羡慕了。那些继续补习高考的同学，是否能顺利穿越黑色的'魔鬼'6月呢？还有那些去打工的同学，你们还好吗？"

他有时会怀疑自己当初的选择。外面的人羡慕军人的威武，想来部队长见识；而身在部队，有时又向往外面的自由

惬意。人生每一步都充满了选择的困惑，就如《围城》里的一句话：围在城里的人想逃出来，城外的人想冲进去。

2014 年 10 月 1 日清晨，欧保尔第一次在部队参加了升旗仪式。伴随着慷慨激昂的《义勇军进行曲》，鲜艳的五星红旗冉冉升起。欧保尔和全体训练大队的新战友肃穆以对，向国旗行军礼，雄壮的国歌令他们热血沸腾，一种对祖国无比热爱的神圣情感在他们的心底油然而生。欧保尔立志刻苦训练，争取早日做一名合格的军人。家国情怀再次让他在心里坚定了自己的选择，并端正思想，摈弃杂念。

当然，罗马不是一天建成的，钢铁战士的炼成需要假以时日。2015 年 4 月，水土不服的欧保尔大病了一场，胃出血，肺炎。他躺在病床上，思念着家人。他听说爷爷半夜里总有一阵阵咳嗽，不知吃药了没有；想着奶奶的眼翳越来越严重，要摸索着走路，不知现在做手术了没有；还想着妹妹的数学是不是也学得一塌糊涂；父母可不能太累了……

他给母亲打电话却总是故作轻松，说自己过得很好，身体也很好，就是有点想家了，要到休假的时间才能回去，别挂念。放下电话，欧保尔仰望天边那朵蚕丝一样漫游的云彩，不让眼里那滴不争气的眼泪流出来。

欧保尔站在树下，看着战友们在毒辣辣的太阳下进行3000 米越野跑，迷彩服的背后干了湿，湿了干，盐碱汗渍，印迹斑斑，却个个坚持到了终点。这时，他觉得自己像个懦夫，心在漂泊，缺乏定力。患得患失，想建功立业，又想自由；想收获，又想轻松……一种深深的自责和失落感扑面而来。他直面自己的内心，正视自己的缺点，把自己的种种思想和行为像放电影一样过了一遍，他又想到覃大校，想到改名保尔的初心，忽然觉得冲破了重重阻碍，看到了那一束引导自己的光：我要坚守初心，成为一个优秀者，首先，我要成为努力的人！

于是他要求提前归队训练，排长却说："你不要命了，再出血，你就完蛋了。好好休养，好好吃饭，没事看看书，把身体搞利索了，我就给你一对一加训。"他突然觉得排长不那么严苛冷漠了，甚至有一点小可爱。

欧保尔身体痊愈了，思想认识有了一个飞跃。以后遇到困难首先就要想办法克服它，不再推开或躲避，不再想着依赖他人。对于自己的理想，不抛弃，不放弃。

放下思想包袱后，保尔爆发出了潜能。他的 3000 米跑训练了一个月，快了 3 秒。教官说救援拼的就是速度、技术和耐力。也许快一秒就可以救一条命，挺住半分钟就可能避免一场意外。在背轮胎体能比拼中，他比同组快上半步。每天进步一点点，小小的成绩不断累积，小小的成就感不断叠加，欧保尔觉得训练不再枯燥，封闭也有了温暖，没有手机也

习以为常了。他适应了，经历了，熬过来了。欧保尔丢掉了身上的懦弱，重拾了自信和阳光。

这场病让欧保尔蜕变成一个英姿飒爽、合格自信的军人了。

400 米障碍跑、低姿匍匐训练、单杠、双杠、吊环……一切都是生命和技能的修炼课，原来这些生硬、冷漠、讨厌的训练器械，现在都变得平和、包容、可亲。每当欧保尔路经它们都会上前摸一摸、拍一下，就像与好兄弟好战友握手致意一样。

这段时间的历练，让欧保尔成了一名心胸开阔、做事严谨的军人。从环江到钦江，从九万大山到北部湾之滨，从学校到部队，部队熔炉将给他的人生打开另一扇窗。

◇ 首次出警上战场 ◇

转眼，欧保尔顺利地完成新兵训练课程，集训结束后，被分到武警钦州市消防支队浦北大队三班任一名消防战士（改制后称消防士），他遇到了军旅生活中第一位班长——周兴。

班长是部队最基层的带兵训练管理员。班长没有官衔，却是跟战士们接触最密切的人，一般由优秀的士官或义务兵

担任，在班级里像兄长，更像父母。正是在周兴的指导下，初来乍到的保尔才明白了何为消防战士。

周兴是玉林人，比欧保尔大两三岁，为人沉稳干练。周兴带兵管兵训练自有他的一套。训练时严格要求，业余时活泼开朗，手下兵对他心服口服。

新兵刚下连队，大多拘谨、胆怯、不自信，想家闹情绪，水土不服。欧保尔也情绪低落，主要原因是训练科目考核不达标。周班长对他说："你们新兵集训才3个月，下连队后那么多科目哪能与训练了一两年的老兵相比？如果那么容易，我们这些老兵不就白当了？你身上有很多优点：正直、安静、守纪律、爱思考、有韧性，是一个纯洁的人。但若要成为一名合格的军人，是需要时间打磨的。别着急，相信自己，一定能行。"

班长不拿保尔的短板说事，还肯定他身上一些微不足道的优点。获得肯定的欧保尔暗暗给自己打气，开始使出一股不达目的不罢休的执拗劲。

仅是体能训练的跑步、单双杠、俯卧撑、引体向上……这些常规训练就让新兵们练得想吐，晒得要脱一层皮。但欧保尔却觉得不够，他不断地给自己加练，使各项体能指标从不及格到及格，到良好，再到优秀。别人休息他在跑圈，别人吹牛他在健身。休息日，别人在被窝里睡觉，他在晨光里锻炼。

　　渐渐地，欧保尔原先有点单薄的四肢变得结实有力了，弹跳、奔跑、引体向上、俯卧撑等基础训练科目都能够轻松完成，是新兵下连队后进步最快的一个。

　　2015年2月，保尔入伍后的第一个春节就要到了。春节期间，经常会发生因燃放烟花爆竹和烤火造成的各种消防事故，所以保尔和战友们必须随时待命。这也是保尔第一次没有和家人一起过年。

　　除夕这天，保尔和战友们一起打扫了宿舍和公共区域，挂起了鲜红的灯笼，包起了美味的饺子，一起红红火火迎接新年。

　　半个月后，也就是元宵节的晚上9时，浦北大队接到报警，解放路东段有居民房着火，需要出警。周兴问欧保尔："你怕不怕？"

　　"不怕！"

　　"好，跟我出警。"

　　他们战斗小组5人，在车上穿好防护服，第一时间赶往事故现场。经过现场勘察后，班长总结了目前的情况：事故发生于一座3层楼建筑物，共5个房间，着火点在2楼的厨房。火势已蔓延到2楼厨房隔壁的房间，楼梯间和部分房间浓烟弥漫，邻居反映有两人被困，应该是留守儿童和老人，他们在3楼的房间睡觉，未觉察厨房起火。当人们发现时，火势已无法控制，被困人员无法下楼自救。

指挥员对火势迅速做出评估并分工：两人用干粉灭火器迅速扑灭火源，两人上去救人，另一人做外围安全警戒。任务期间，欧保尔要求跟班长进去救人。班长说："那你就跟在我后面，保持相应距离，听我指挥，如果你觉得有什么不适，就立即按响应急呼救信号，确保安全。"

班长接着吩咐组员们："看情况火势不大，但烟雾已漫入楼道，能见度低。大家要确保安全，灭火和救人同时进行。"

欧保尔跟在班长后面爬上 3 楼，逐个房间开门查看。在楼梯左侧的一个房间找到被困人员。周班长示意被困人员待在原地，不要紧张，并用备好的湿毛巾护住被困人员口鼻。确认被困人员的位置后，班长背着老人，欧保尔背着小孩，顺着楼梯，以最快的速度下楼冲出火场。

在班长的指导下，欧保尔第一次完成了火灾现场的救援工作，嘴上虽然说不怕，但面对呛鼻的烟雾、看不清的楼道，心里还是有着未知的恐惧。可他依然顶着防爆灯，摸索着完成了任务。那夜晚，那场火，那一老一小，已深深地刻在他的记忆里。

后来，周兴班长回忆起这次救援，一切还历历在目。他说，救援结束后，他看见欧保尔双腿发软打战，一脸蒙圈，好像还没反应过来。虽然上楼、开门、寻人、下楼这一系列

的救援动作，前后也就 5 分钟，但这是一个消防战士成长的必然经历，心理、身体都要接受火场的严峻考验。有时救火出现意外，不一定是火势大，而是因为烟雾引起窒息。所以准确评估火场情况，采取果断措施，是成功救援的基础。

消防员在执行灭火作战任务时需要穿戴灭火头盔、阻燃头套、防护服等，负重约 30 公斤。所以，这次欧保尔跟着班长救人，装备负重再加上一个人的重量，负重艰难可想而知。

欧保尔在日记中写道：练为战，不为看。我们穿上厚重的防护装备日夜操练，是为了更好适应火场战斗的需要，是为了争分夺秒抢救被困人员。但是我们不想战斗，更不希望有人需要被救。可一旦有需要，我们也决不退缩。

是的，谁都不愿意意外发生，但没有人能够阻挡天灾人祸的降临。后来，欧保尔又参加了一次交通事故的救援行动，当他看见被车子碾压过的血肉模糊的尸体时，胃里一阵翻江倒海。开展救援不仅需要过硬的技术，还需要综合经验、速度、应变能力和分析能力等。面对各种场景，消防员都必须冷静处置、科学应对。别人眼中那些危险和难以忍受的场景，在消防人眼里都是常态。

欧保尔在日记中写道：当兵的日子有苦有乐，我要走好每一步，等老了以后，回想到这一生当过兵，是一个军人，为国家做过贡献，感觉自己一生也算是值的（得）了。

正因为我们身边有无数人在默默负重前行，生活才能岁月静好。

◇ 好上司是一面飞扬的旗 ◇

欧保尔在日记中记录了这样一个细节：2015 年是欧保尔第一次在部队过春节，初三晚上，他值夜班，由于晚上吃得少，站岗时风大且冷，肚子饿得咕咕叫。正在又冷又饿的时候，路灯下有一个人影朝着他的岗哨走来，手里拎着东西。

"欧保尔，饿了吧？我看你晚饭吃得少，我来换岗，顺便捎来点吃的。"原来是崔洪林司务长带来了夜宵——一碗热气腾腾的钦州猪脚粉。

崔洪林是钦州市消防支队浦北大队的司务长，山东德州人。他很欣赏欧保尔的勤快、认真和刻苦。

有一次训练间隙，大伙都坐在操场边休息，扎堆侃大山。欧保尔一个人站在一隅，崔洪林主动找他搭讪："想家了？"

"没有。"

"表情都写在脸上了，想就想了，想家也不是什么见不得人的事。想谁了？"

　　欧保尔主要是惦记着爷爷和妹妹。爷爷身体不好，妹妹还小，每每想起，欧保尔都会有些担忧。

　　"听口音你是南方人，你可比我幸福多了，我是山东的，家比你远多了。我刚来时，想家想到哭鼻子，想父母、爷爷、奶奶，想家乡的大馒头、大葱、泡菜。后来适应了，喜欢上了南方的米饭、海鲜、朱槿花、海风，喜欢这里的一草一木，喜欢上了这里的一切。"

　　崔洪林对欧保尔说："我们选择了军营，就意味着要放弃一些东西。选择了这份事业，就要想尽一切办法做好。把每件小事做好，到哪里你都会是最优秀的。"欧保尔默默记住了这些话，并在未来的任务中身体力行。

　　2015年4月，欧保尔生病住院，崔洪林主动下厨给他炖鸡汤、熬粥。欧保尔很感动，出院休养期间，他不能参加强化训练，就常常下厨帮忙，学厨艺、包饺子、腌泡菜，在菜园里协助后勤班翻地、种菜、浇水。单调的部队生活突然有了温暖的人间烟火味儿。

　　欧保尔善于从别人身上学做人做事，与人交流，化解不良情绪。崔洪林看见他虚心求学，热心助人，不惜将"功力"倾囊相教，他进步很快。

　　从跟着别人学到自己能独当一面，从胆怯到果敢，从战士到班长，这些变化是日积月累的学习和磨炼。蜕变是渐进的，也是惊人的。就像他们练习 3000 米跑，训练一年也只能快 3 秒。但在抢险救援中 1 秒都是关乎生死的，快 1 秒可以救人一命，慢 1 秒，可能丢了性命。

从事生死救援的消防战士，时间精确到以秒计算。争分夺秒，是消防救援工作的真实写照。

出院后，一个月没参加强力体能训练的欧保尔担心体能跟不上。崔洪林说："体能训练不能放松，但也不能硬着来。你应该先把身体调理好，身体好了，才能练体能和操法，有了好的体能和操法，进入火场，才可以保命，才可以救人。"

听从司务长的教诲，欧保尔循序渐进，稳扎稳打。一年的军营历练让他从一个闲散自由的少年成长为一名能够适应严苛军事化管理的军人。从玩心未泯到成熟稳重，从第一次执勤的紧张到后来的驾轻就熟，从第一次抢险的恐惧到后来的从容应对，他完成了从一个普通人到一个合格军人的转变。

◇ 凤凰涅槃军营中 ◇

通过在武警钦州市消防支队浦北大队一年多的基层锻炼，欧保尔进步很快，各项技能考核均为优良。领导看出他是一个可培养的好苗子，是消防兵里一支优质的潜力股。于

是，2016 年 4 月，支队领导把他调到武警钦州市消防支队特勤大队，让他在这里磨炼。

特勤大队是一个相当于"魔鬼训练"的地方。不是每一个人都吃得消的，淘汰率很高。参加特勤大队训练与救援的队员，都是通过层层比武严格选拔出来的优秀战士。个个体能超强，实战技术好，心理素质稳定，抗压能力强。欧保尔就是这样的一名优秀战士。

对于视荣誉大于生命的军人来说，被淘汰退回原单位是一件让自己无法接受的事。欧保尔刚开始很不适应特勤中队高强度、高难度的训练，别人练习 5 遍学会了，可他要练 10 遍、20 遍，甚至更多。除了多流汗水，多花时间，没有别的窍门，技能就是多练、重复，熟能生巧，唤醒肌肉记忆和随机反应。他不让自己有任何退缩的理由和可能。

特勤大队的训练科目，一是常规体能训练，二是专业技能操法训练，三是专业消防器械操作训练。常规体能训练主要是单双杠，俯卧撑，仰卧起坐，3 公里、5 公里和 10 公里跑，400 米障碍跑，游泳，健身房里的器械训练等。专业技能操法训练主要有楼层内攻救人操、爬绳上楼、烟道灭火救援操、枪炮协同灭火操等。专业消防器械操作训练主要是认识基础装备，水带的盘法及铺设连接法，穿戴正压式空气呼吸器，排烟机等器械操作，消防车出水加水及水炮操作，橡皮艇、冲锋舟驾驶，无齿锯等各种破拆器械操作，等等。列出这一连串训练科目，普通人看了会眼花缭乱，可它们是消防战士每天的功课，每天的作业，每天都需要攻关达标。

譬如队员完成两盘 65 毫米内扣水带铺设考核时间：10秒钟完成为优秀，12 秒钟完成为良好，16 秒钟为及格。铺设过程如出现卡口、脱口、水带打扭、未接上水枪，不计入成绩；出现水带出线、压线及其他情况，均要扣分。

一盘 65 毫米宽的水带重 7 公斤，长约 25 米。两个胳膊勾住水带站好，考官哨子一响：被考核队员放下一盘水带，甩开，提起另一盘水带猛跑，接上接口，甩开，猛跑，接上水枪。一连串动作，一气呵成，不得有任何失误。接近 100米专业运动员短跑的速度，就是特勤消防员的速度。这样的考核在特勤大队算是小儿科。

每个消防大队的院内都有一栋特殊的 4 层楼高的训练塔，四面空窗，上部横着碗口粗的钢管，钢管上缠着绑绳，一边架有铁梯。这是消防战士的"练功墙"，可以训练攀援、爬绳、钩梯上墙、登梯攀爬等项目。被称为广西"钩梯滚爬之王"的柳州消防支队教导员杨盛福，创造了"滚窗攀爬"15米高 4 层建筑物 15 秒的广西消防比武第一的成绩。这样的纪录，至今无人能破，不得不说，这样的技能，天赋、体能、训练、胆量，缺一不可。

　　每一个科目都有考核标准，达标者视为合格，不达标者继续加练补考。只有一个一个科目训练，一个一个科目考核过关，一个一个障碍跨越，才能练就一身过硬的本领。在实际作业中，才能临危不惧，才能艺高人胆大。

　　消防员作为特殊的救护职业，需经过特殊的体能、技能及心理素质的训练，保证具备应对救援抢险的特殊能力要求。从选择这样一份职业那天起，他们面对的就是急难危重，艰苦，奉献，他们心甘情愿。他们每天带着器械在墙壁上摸爬滚打，面对未知的突发事件，时刻备战着。即便练就了一身本领，面对不可预知的情况和错综复杂的问题，有时还是力不从心，因此，意外和受伤不可避免。

　　消防兵是解救急难高危、保家卫国的重器，而特勤大队是攻克急难高危的利器，是消防救援里的"高精尖人才"。特勤大队配备 5 个班组，比一般的大队多两个。一班负责火警侦察，二班负责交通事故灭火救援，三班负责石油化工救援，四班负责水上救援，五班负责通信联络、图片文字收集整理归档等。

　　欧保尔被分在特勤大队三班，需要参加日常训练并负责石油化工火灾出警抢险的救援工作。

　　对消防队员来说，大到天灾人祸的火场，小到门缝夹着手，只要是危害到人民生命财产安全的，接警必到，无警备勤，出警必胜。他们有着上千次的实战演练，上百个应急预案，就是为了把灾情损失降到最低。而真实发生的灾情每一次的救援方法都是不一样的。因地形、地域、气候、风向、建筑物结构、内存材料的性能不同，采用的救援措施也是不同的。每次灾情都有不可预见的因素掺杂其中，情况千变万化。成功的救援案例只能是参考，不能完全复制。只要你是备勤人员，就不能有松懈的时候。你不知道明天、下一个小时、下一分钟会发生什么事。有时一个星期接警两三起，有时一天出警十多次。备勤人员只要听到警铃，1分钟内就要完成救援车出库、消防员集结。消防员在车上穿好防护服，时刻保持应急临战状态。好多战士对铃声形成了条件反射。有一次欧保尔路过学校听到铃响，第一反应就是抬腿狂奔。意识到是学校铃声后，只好拍大腿自嘲：哎！神经质了。

柳州诗人佳求曾写过一首诗《一半》，艺术地反映了消防人的生活状态："饭吃一半，澡洗一半，梦做一半，亲探一半，假休一半，婚结一半，嘴亲一半，水一半，火一半，为了人间不缺另一半。"无论何时何地，面临何种情况，铃声就是命令，立刻跑步、集结、上车。可见，消防人很难过上规律的生活。

在保尔参军未满一年的 2015 年 7 月，钦州市浦北县二

级路上，一辆载有 30 吨 30% 甲醛①水浓液的槽罐车为避让摩托车发生侧翻，导致部分甲醛水浓液泄漏。接到报警的消防队立刻出警，欧保尔也在其中。

欧保尔第一次参加这样大的救援任务。他忙碌地在现场穿梭，协助战士们一起进行泄漏侦检、溶液围堵，一起扛着沙袋封堵泄漏口，对事故现场进行专业处理，圆满完成了救援任务。

2016 年 4 月，就在欧保尔调到武警钦州特勤大队的第二天 13 时许，钦州市钦州港玉柴石化厂区芳烃装置出现泄漏，现场火光冲天，浓烟滚滚，情况危急。广西钦州消防支队出动 27 辆消防车 180 余名官兵赶赴现场处置。

出警时，欧保尔右脚不慎扭伤，但已经成长为消防骨干的他，为了尽快控制灾情发展，强忍剧痛，拖着受伤的脚第一时间完成了移动水炮架设环节，为争分夺秒处置灾情创造了有利条件。

消防队员的每一次出警救援都是经验的累积，都是为了应对不期而遇的危险和毫无征兆的险情。他们的任务就是救人抢险，把损失控制在最小的范围。

一场救援结束，欧保尔和战士们席地而坐，他们看着污

---

① 甲醛：有机化合物，化学式 HCHO。无色气体，有刺激性臭味。用来制造树脂、炸药、染料等。甲醛易溶于水和乙醇。

渍斑驳的衣服，再互相看看被熏黑的花脸，疲惫就一扫而光，大家露出了洁白的牙齿发笑，这是最美的青春笑脸。

◇ 赴汤蹈火铸忠诚 ◇

通过在特勤大队一年多的锤炼，欧保尔在意志品质、团队意识、救援技能等方面有了长足进步。2017 年 11 月支队领导把他调到钦州新兴大队任班长。

◎ 欧保尔的优秀士官徽章

钦州新兴大队所在片区是钦州市最古老的城区，有2000多年的历史。这里有著名的白沙街广州会馆、一马路至五马路、板桂街、占鳌街、三宣堂、骑马楼等古迹。抗法名将冯子材的故居也在这里。

街区民房挤挤挨挨，道路狭窄，人口密集，商业发达。消防设施滞后，有的甚至没有消火栓，消防隐患大。欧保尔到新兴大队后，深入街区，熟悉地形，了解房屋建筑结构特点，利用大队每年开展的冬春火灾防控和夏季消防专项检查时机，对重点消防隐患单位进行排查，做到心中有底。带领全班队员深入石化企业、劳动密集型企业、大型商业综合体、电动车停放场所等开展专项整治工作，督促消除火灾隐患，其目的就是把事故隐患消除在萌芽状态。

2018年，欧保尔在新兴大队任二班班长期间，田勇、蒋蒙、陈黎是他手下的新兵蛋子。他像当年老班长一样对待这些新兵，起到"传帮带"的作用，现在这3人分别是钦州市消防救援支队特勤站一班、二班、通讯班的班长，都成了独当一面的消防尖兵。

欧保尔在特勤大队练就了胆大心细的本领，训练认真，救援果敢，对战士的关心体贴入微。

班里有一个桂林战友小李，平时沉默寡言，喜欢独来独往。欧保尔对他非常关心，主动找他聊天。有一天晚上，欧保尔巡夜回来后看见小李没在宿舍，觉得情况不对，马上去寻找。后来在心理疏导室看见了他，小李扑在桌子上，好像睡着了，桌子上有散乱的空药瓶。欧保尔报告了值班领导，呼叫120将小李送当地医院。经过检查，小李是药物中毒。灌肠，洗胃，输液，抢救，欧保尔陪护到天亮。医生诊断小李为轻度抑郁症。

消防员张柏栋回忆："有一次我们班参加山岳救援演练，我不小心扭伤了脚，忍痛继续训练，回来后踝关节肿痛，走路一瘸一瘸的。欧班长看在眼里记在心上，晚上他带来冰冻的矿泉水和一瓶活络油，帮我冷敷，给我抹药。他说这样好得快。"现在张柏栋已是钦州市消防救援支队钦南大队新兴消防救援站三级消防士。

台上一分钟，台下十年功。这是形容练功人的辛苦。消防战士训练演练付出的辛劳绝不比任何一个行当少。他们不希望有人需要被救。而一旦需要，他们就会赴汤蹈火，义无反顾。

2018年1月19日，钦州市钦南区海豚湾大厦一栋26层高的公寓楼发生火灾。火情发生后，钦州市共出动200多名消防武警和公安民警及27辆消防车参与救援，成功救出70多名被困群众。

欧保尔就是200多名救援官兵中的一员。他带领队员参

加了此次火灾的全程救援。在火场救援队伍中，班长是排头兵，副班长站末位殿后，急难险重，班长冲锋在前。班长是指挥员，又是战斗员。火场如战场，排头和殿后都是最危险的位置。

楼房着火，电梯不能使用。消防员穿着防护衣，背着空气呼吸器等消防器械，负重约 30 公斤。要跑上跑下，入户搜救被困人员，还要安抚被困人员的焦虑情绪。

欧保尔他们班当天的任务是负责搜救 16 至 18 层住户的被困人员。每层 6 户，他们要把搜寻到的被困人员集中到一个安全的房间，分批安排转运。着火点在 7 楼，楼层中段部分烟雾浓重。云梯最长延伸 30 米，只能够到 10 层楼的阳台，消防战士在这里打通一个云梯救援通道。对于一些老幼病弱者，消防战士要依次把他们护送到安全救援通道。

救援人员两人一组分头搜救，欧保尔组碰到一个行动不便的足月孕妇，因为紧张害怕，她脸色煞白，见到消防战士后面露喜色，对着手机说："我有救了，他们来了……"

欧保尔用对讲机向指挥中心报告："D 栋 A1801，有一个大月孕妇需优先救援！ D 栋 A1801，有一个大月孕妇需优先救援！"

他沉着冷静，逐个敲门排查各楼层房间。17 楼的一个房间，房门虚掩，欧保尔推门进去看见一个老太太坐着，一个两三岁的小孩在地上玩积木，好像外面的烟火世界与他们无关。门边排列着花花绿绿的塑料盆桶，连小孩的玩具桶也装满了水。欧保尔对于这样清醒冷静的被困人员，以及他们的自救意识感到很欣慰。老太太说，看见楼下的横幅她就放心了。"请勿惊慌，关好门窗，消防官兵正在解救你们。"是的，很多衍生的事故灾难就是因为人们无知慌乱拥堵抢道造成的。既然有专业人员进场救援，就得听从安排，不慌乱。这是人们对救援工作最大的支持。

后来有一个网友发帖，附了一张消防战士背老人的照片：感谢消防战士救了我母亲，救了我儿子，你们辛苦了。这张照片上了热搜。

钦州市委市政府联合印发《关于对市公安消防支队在"1·19"海豚湾大厦火灾扑救工作中突出表现进行表扬通报》，《通报》指出，在此次火灾扑灭和搜救过程中，市公安消防支队官兵充分发扬"能打仗，打胜仗"的优良作风，冲锋在前，英勇顽强，最大限度地保护了人民群众的生命和财产安全。

一条留言，一句感谢，一则集体表扬通报，就是对消防官兵救人于水火的肯定。"能打仗，打胜仗"这不仅仅是一句口号，更是和平年代"上刀山下火海"的无畏付出。

◇ 终于圆了大学梦 ◇

当兵，考学，留队，恋爱，结婚生子，为父母养老送终。欧保尔在心里无数次地规划了自己的人生轨迹，做个普通的人，走平凡的人生之路。但消防职业并不能让他过一个普通人的生活。

在部队的这几年里，他从未忘记自己的大学梦想。2016年，他报名参加军校考试。穷尽高中读书的老底，却离录取线差了一大截。物理是他的弱项，拉低了分数，就像木桶理论，一块短板起决定性的作用。

在部队考大学的考生有几种类型，一是普通兵考生，二是骨干战士考生，三是保送生。无论哪一种考生，都必须通过严格的政审，挑选政治合格、军事过硬、作风优良、纪律严明的优秀战士到高校深造。这几年武警钦州市消防支队，每年也只有一两名现役战士考上军校。符合报考条件的人多，广西武警部队系统还增加了预考环节，好中选优。由此可见竞争的激烈程度。

欧保尔反省自己：在高中各学科的学习不扎实，除体育方面的篮球、田径较好外，其他学科成绩平平。加上第一年要适应部队环境，进行科目训练，再加上自己还生病住院了，分散了精力，并没有认认真真地做好准备。这说明自己入伍后还没有调整好心态，心理素质、身体素质、抗压能力还比较差。欧保尔对自己都不满意了，揪住自身的痛点狠打，对症下药。

别人周末去玩的时候，他躲在宿舍里学习、做题；战友们睡着了，他在被窝里背英语单词……他再次回到高考前的备考临战状态，分秒必争。

在部队考大学不是人们想象的那么容易。没有整段的时间让人安静地学习和复习，没有专职的老师辅导，没有班级的学习氛围，是孤军作战。有句话说，能控制早晨的人，是一个高度自律的人。欧保尔就是一个自我控制力非常好的人。

训练、技能考核、季度比武、实战演练、出警救援……周六上午还要检查装备。身体几乎处于疲惫和奔命状态，脊背一贴床铺就会呼呼睡着。

在特勤大队集训时项目多，课程长，难得有时间看书。2017 年 4 月，队领导知道他要复习备考，把他从特勤大队调到新兴大队二班，任命为班长。班长在部队里是最基层的"官"，是班里的兄长，事事要以身作则，起得最早，睡得最晚。

领导的想法是好的，但来新兴大队当班长后，欧保尔更

加忙了。就这样，他还是挤出时间复习，尽量做到训练学习两不误。

第二次备考，欧保尔调整了复习方式。有些科目基础很弱，譬如物理，自己高考考的是文科，物理相当于要重学一遍，因此，他利用休息日请家教辅导功课，一节课100元，他心疼着呢，但也没办法，自己的大学梦想一定要实现。可别小看了这100元钱，对一个农家子弟来说，它能办成不少事：它是奶奶一个月的花销，可以用来给妹妹买两箱牛奶，可以帮爷爷买三包通宣理肺丸。

2017年，考试分数下来，结果是差了一分，欧保尔看到分数的时候差点晕倒。但差一分也是差，不得不服气。一分定胜负，既残酷又公平。

2018年是欧保尔服役的第四年，如果当年再考不上大学，次年他就要因为超龄而再无机会报考军校了。到时，他是复员还是继续留在部队，人生又将面临着新的选择。这样的结果他并不甘心。因此他给自己下了死命令：非考上不可。一定要规划好学习时间，有了去年复习的功底，他对自己增强了信心。

2018年7月10日，钦州消防官兵代表中国参加第二届东盟地区论坛城市应急救援研讨班石油化工灭火救援联合演练，演练的备战时间正好是欧保尔的备考时间。欧保尔做到

训练复习两不误，在确保训练不出差错、不拖后腿的情况下，抓紧复习。如果要误只能误自己的复习。

大热的天，穿了一天防化服，脱下可扭出汗水来。晚上洗了晾干，第二天继续穿。战士们一天都被捂着，热着，闷着，摸爬滚打，摔倒擦伤，有的战士手腕起泡，有的战士中暑昏倒……

作为班长的欧保尔白天带队参加训练，晚上自己躲到心理疏导室复习功课。为了不影响别人休息，他自己买了一个小台灯，聚光照亮书本。困了就到洗漱间用冷水浇脸浇头，有不懂的地方，就问刚刚大学毕业的士官，或者用微信求助自己的高中老师，周末请家教辅导解题……就在这样高强度的复习中，考试一天天临近。

2018 年，广西武警消防系统初选 180 人参加军校考试的预考，选出了 60 人参加正式统考，录取前 27 名。欧保尔一路过关斩将，顺利通过预考，进入正式统考的行列中。

7 月底，分数出来，欧保尔上线了。他激动得第一时间给父母打电话报喜。

2018 年 8 月，欧保尔以广西钦州武警消防部队考生第一名的成绩被公安消防部队高等专科学校消防指挥专业录取。这所学校是消防部队中的名校，是全国消防官兵心心念念的"梦中情校"。因为学校坐落在美丽的春城昆明，所以大家都

喜欢用"昆指"称呼它。

在接到学校录取通知书的时候，欧保尔激动的心情无以言表，他拿着鲜红的录取通知书在宿舍里转了3个大圈。为了这张录取通知书，欧保尔翘首期盼了3年，也努力拼搏了3年。功夫不负有心人，今天，他的军校梦终于实现了。

公安消防部队高等专科学校位于云南省昆明市国家级经济技术开发区，占地556.6亩，环境优美，舒适宜人。该校成立于1991年7月，建校之初校名为公安消防部队昆明指挥学校。2015年4月经教育部批准，学校更名为公安消防部队高等专科学校，是公安部消防局直属普通高校，也是全国唯一一所面向全国消防部队招生，培养基层消防指挥人才的专业学校。从干部培训到正规学历教育，从中等专业教育到高等职业教育，从发展学历教育到学历教育与在职培训并举，这所学校一步步实现了跨越。

经过多年不懈的努力，公安消防部队高等专科学校形成了一支结构合理、师德高尚、业务精湛、创新能力强、富有活力的教学科研队伍，副高级职称以上教师占专任教师总数的22%，具有博士学位、硕士学位的占40%，双师型教师占25%，有力地支撑了专业学科建设，提升了教学质量。

2014年11月8日《光明日报》真实地阐述了公安消防部队高等专科学校的办学理念："坚持政治建校，铸就忠诚警魂是公安消防部队昆明指挥学校持之以恒的信念。学校构建了'党委领导、部门负责、分工协作、齐抓共管'的全方位思想政治工作格局，深化思想政治理论课教学改革，推动党的创新理论进教材进课堂进头脑，并将云南陆军讲武堂、云南胜利堂等爱国主义教育基地作为实践课堂。多年来，学校通过开展丰富多彩的理想信念实践活动，对学员在校期间各阶段的道德理想、社会理想和职业理想进行了细化，使学员牢固树立'德智体美，德育为先，要成才先成人'的观念，激发了学员对消防事业的热爱。在国家和人民群众最需要的时候，学员们总是冲锋在前，主动参加抗灾斗争，踊跃为灾区捐款捐物。学校还坚持管理育人的思想，按照'先于部队、严于部队、高于部队'的理念，出台、修订、完善了学员管理规章制度，并以队列训练、纠察、摄像、巡查等多种措施，强化纪律作风建设。春风化雨，润物无声。一批批合格的消防指挥人才从这里走向全国各地，用实际行动践行着保一方平安的誓言。"

22 岁的欧保尔在这篇报道发表 4 年后的 2018 年 9 月，成为两千多名被录取的幸运考生之一。他将在这座被誉为"消防警官摇篮"的学校里，开始他为期 3 年的学习生涯。他暗自下定决心，要利用宝贵的在校时光，把消防救援指挥专业所有的知识和技能记在心学到手，毕业后为党和人民的消防

救援事业贡献自己的力量。

◇ 徜徉在梦里的学堂 ◇

"砰，砰……"随着一阵刺耳的碰撞声，两辆高速行驶的小轿车迎面相撞，失控并燃起大火。警报响起，消防车迅速到达，现场指挥员快速反应，救援队立即成立侦察组、救援组、保障组等，进行协同作战，战斗员操作专业器材采取"切割、破拆、顶撑"等手段，快速展开现场营救……10分钟后，被撞车辆中3名被困人员获救。一场严重的交通事故被成功处置。

这个惊心动魄的场面不是电视新闻，而是公安消防部队高等专科学校学员实训课堂上的一组镜头。

欧保尔是在军校考试经历了两次落榜后，通过锲而不舍的努力最终金榜题名的。走进这座风景优美的校园，是欧保尔一生中梦寐以求的愿望。校园的每一个角落，都令他心潮澎湃。

欧保尔所学的专业是消防指挥专业，他一踏进学校，就对消防指挥专业的课程内容进行潜心研究和全面了解。他还从学校的简介中得知，消防指挥人才的培养，一直是公安消防部队高等专科学校的特色和亮点。学校的专业教学，特别突出消防职业特点和消防队伍职责使命，一直遵循"教为战、学为战、练为战"的教学方针和"训战一致"的教学原则。

欧保尔成竹在胸。在学习过程中，欧保尔根据消防执勤、执法、训练、作战、队伍管理等课程内容的需要，把文化课和实战课紧密结合起来，做到理论融入实践，实践检验理论，理论和实践紧密结合。

在大一的时候，欧保尔以啃骨头的劲头抓好专业文化课的学习，经常废寝忘食。他深知笨鸟要先飞的道理，每到专业知识课，常常第一个走进教室，最后一个走出教室。课堂上，他专心听老师授课，认真做笔记。弄不懂的问题就请教老师，请教同学，同时还翻书籍，查资料，努力做到当天的知识当天吸收，当天的难题当天攻克。特别是对于新理论、新技术、新法规、新战法、新装备等知识，他更是潜心学习，专心研究，从不马虎大意，应付过关。

欧保尔曾在武警消防部队服役 4 年，有一定消防救援的技能基础。在老师要上某一特定的消防救援科目的编成课前，会请欧保尔这样有消防救援经验的学员参加编成讨论，完成编成方案。上课时，老师也喜欢提问有经验的学员，或请他们做示范演示。每到这时候，欧保尔总是第一个举手，积极参与现场讨论，并回答问题。看到欧保尔如此积极，老师总

会让他进入示范小组作示范。在示范过程中，欧保尔认真细致，动作规范，操作得当，编成合理，使学员们都能很快掌握知识和技能。欧保尔慷慨地分享自己所学所知，其他学员都对他十分欣赏。

除了理论知识，欧保尔也十分注重实战课程的训练。每到实训课程，他总是第一个到场，熟悉消防救援实战演练的各个流程，提前做好训练的各项准备工作。演练中，他不怕苦，不怕累，不怕晒，时刻牢记学校"练为战"的教学方针，动作规范，步调一致，行动迅速。由于他勤学苦练，每次的实战训练课，欧保尔的成绩都位于中上水平。

◇ 大熔炉百炼成钢 ◇

除了学校的实训课堂，欧保尔还积极参加学校跨区域重特大地震救援、高层建筑火灾扑救、石油化工火灾扑救等实战演练，这些都大大提高了他的救援能力和指挥水平。

学校为了提升学员的实战能力和指挥水平，还联合河北、重庆、浙江、广东、新疆、辽宁6个国家级陆地搜寻与救护基地，开展了建筑物坍塌、山体滑坡等灾害事故应急救援训练。每当得知要到基地开展应急救援训练的消息时，欧保尔都会主动请求加入。虽然这些愿望没能全部实现，但足以证明欧保尔对训练的执着。同班的学员都说，欧保尔是一个应急救援的"训练狂"。听了这些话，欧保尔只是微微一笑，说："我们来学校学习，目的就是要把自己培养成为能指挥、能打仗、打胜仗的消防专业指挥人才。要实现这一目标，难道我们不应该努力学习和刻苦训练吗？"说得大家直点头。

李承波与欧保尔是同届同专业的学员。二人虽不在同一大队，却同是广西老乡，所以他和欧保尔走得很近。他对欧保尔的第一印象就是干练，有精气神，好交往。"我经常听老师提到欧保尔，说他学习态度好，很认真，特别能吃苦。"李承波满是赞叹。

无论是文化课还是实训课，欧保尔都是全身心投入。因此，他的学习成绩十分稳定。"刚入学的时候，欧保尔说学习很紧张，怕学习跟不上。但经过不懈的努力，3年的课程，欧保尔考试门门过关，没有挂过科（不及格）。"现在回忆起来，李承波依旧是一脸敬佩与羡慕。

通过与老师和同学日益深入的交流，欧保尔发掘了充满信心、坚定信念的思想源泉。他知道，自己的学校是一座塑造共和国忠诚卫士的摇篮，是一代代莘莘学子胸怀理想，集结在这里锻造淬火，百炼成钢的大熔炉。这里培育了众多消防指挥与管理专业人才，培养出了被国务院、中央军委授予

"爱民模范"荣誉称号的宋文博，"全国抗震救灾模范"李隆等优秀人才。

宋文博是 1996 届毕业学员，参加工作以来，始终战斗在消防基层一线。2009 年 6 月 9 日凌晨，湖南省洞口县花园镇宝湾村 200 多名群众被洪水围困，宋文博不顾连日来的剧烈头痛，率领消防官兵抗洪抢险，连续奋战 10 多个小时，从洪水中抢救出 7 名险被冲走的村民，组织 220 名被困群众安全转移。山洪过后，他又带着伤病连续奋战两个昼夜，因劳累过度引发高血压脑出血，于 6 月 14 日英勇殉职，年仅 37 岁。宋文博的感人事迹传遍大江南北，如今，他曾就读的学员二大队三中队成立了"文博班"，成为传承英雄精神的窗口。

李隆是 2000 届毕业学员，毕业后参加灭火抢险救援 3000 多次，成功营救遇险群众 900 余人。特别是在郑州高危烟囱救人、漯河特大液氯泄漏事故、开封抗洪抢险、陈寨冷库货架倒塌以及赴汶川抗震救灾战斗中，他身先士卒，数次与死神擦肩而过。因为保护人民群众生命财产安全贡献突出，李隆先后两次荣立个人一等功，被公安部授予"灭火救援尖兵"荣誉称号，荣膺 2008 年度"中国骄傲"光荣称号。

这样的英雄例子还有很多很多，英雄们的事迹令欧保尔

感动不已。

榜样的力量是无穷的。3 年来，欧保尔一心扑在学业上，如饥似渴钻研消防知识，废寝忘食苦练救援技能。

时间转瞬即逝，欧保尔以优异的成绩毕业了。

2021 年 6 月的一天，美丽的春城昆明，阳光明媚，空气清新。25 岁的壮族小伙子欧保尔，正徜徉在公安消防部队高等专科学校温暖如春的校园里。整个校园绿树成荫，曲径通幽。走在弯弯曲曲的石板路上，望着熟悉而美丽的校园，欧保尔心潮澎湃。

这里，留下了他 3 年求学求知的足迹；这里，给了他 3 年温馨如家的感觉。如今，他就要和这熟悉的校园说再见了，就要和同窗 3 年的战友分别了，欧保尔有些依依不舍。

负笈求学，为的是学成报效祖国。心中纵有万千个不舍，也得放下。欧保尔怀揣凝聚着自己辛勤汗水的中国消防救援学院毕业证书[①]，带着老师和同窗战友们的祝福，踏上了回乡之路。

---

① 当时欧保尔考上的是公安消防部队高等专科学校，后因部队改制，公安消防部队划归地方管理。因此，公安消防部队高等专科学校停止招生。欧保尔是公安消防部队高等专科学校的最后一届学员。之后，新成立的学校在北京市昌平区，所以欧保尔拿到的是中国消防救援学院的毕业证书。

◎ 欧保尔的中国消防救援学院毕业证书

◇ 在功勋集体里淬炼 ◇

因工作需要，2021 年 6 月初，欧保尔怀揣着中国消防救援学院鲜红的毕业证书，带着人生的重大使命，也带着人生美好的愿望，来到广西柳州市柳北区消防救援大队实习。

柳州，又称龙城，位于广西壮族自治区中部，是一座具有 2000 多年历史的古城。市区青山环绕，水抱城流，有"世界第一天然大盆景"的美誉。"城在山水园林中，山水园林在城中"，是柳州城市风貌的形象写照。

柳州是一座工业城市，辖六县四区，总面积 18618 平方公里，总人口 400 多万人，经过多年的改革开放与经济发展，柳州已初步形成以工业为主、综合发展的区域性中心城市和交通枢纽，是山水景观独特的历史文化名城，还有着桂中商埠、现代宜居城市等美称。

城市北部称柳北区，是柳州市工业大区，柳钢集团、柳州宝钢、金嗓子等一大批大型国有企业都坐落于此。其工业经济总量、工业园区产值、规模以上企业数量一直位居柳州市各城区前列。

在柳北区中心地带，有一个闻名遐迩的保护神——柳北消防救援站。

刚走进柳州市柳北消防救援站，欧保尔就有一种熟悉而又全新的感觉。这是他学成归来的第一站，也是他从业国家专职消防救援工作的开始。

柳北区消防救援大队是柳北消防救援站的上级单位，自成立以来，身经百战，战果骄人。全队的每一茬指战员，都时刻牢记消防救援的宗旨和任务，全心全意为人民服务，热爱消防救援事业，兢兢业业，为保卫柳州辖区的平安做出了

不可磨灭的贡献。柳北消防救援站曾多次被上级组织评为先进中队，1996年，在"7·19"抗洪救灾中，中队荣立集体二等功。中队（消防救援站）指战员先后有100多人次荣立三等功及其他嘉奖等。为保卫国家和人民生命财产安全，促进柳州经济建设做出了突出贡献。

更让欧保尔热血沸腾的，是荣誉室里墙上挂的那一块块充满荣誉的牌匾和一面面凝聚成就的锦旗。他感慨地说："荣誉室里的这些牌匾和锦旗，是柳北区消防救援大队一批批指战员出生入死的缩影，也是一批批指战员赴汤蹈火的见证，更是对我们这些后来消防人的殷切期望和真情叮咛啊。"

◎ 欧保尔在柳州市柳北消防救援站实习时和队员们一起留影（第三排右四是欧保尔）

◇　学习英雄好榜样　◇

在柳北区消防救援大队，欧保尔还学习了队里英雄人物的事迹，荣誉室英雄人物栏里的韦永江、刘健、季欢、陈杰、何博、杨盛福、廖华等 39 位"名人"恪尽职守，无私奉献，不辱使命，忠实践行"对党忠诚、纪律严明、赴汤蹈火、竭诚为民"的四句话方针，用青春和汗水谱写了一曲曲壮美的消防救援诗篇。

被人们称为"绝壁英雄"、荣获全国"灭火救援尖兵"的杨盛福，是让欧保尔最仰慕、最感动的一位消防人。

杨盛福现任柳北区消防救援大队教导员，三级指挥长。杨盛福 17 岁当兵。2001—2004 年，他在柳州市消防支队举行的消防体育运动会中，连续 4 年夺得攀登挂钩梯第一名。2002 年，在参加广西消防总队组织的岗位大练兵特勤业务对抗赛中，他勇夺攀登挂钩梯项目桂冠。从此，消防官兵们都亲切地称他为"广西挂钩梯王子"。

在近 20 年的消防兵生涯中，杨盛福参加灭火救援战斗 2300 余次，救出遇险群众 215 人，先后获得一等功 1 次、二等功 2 次、三等功 7 次。其中，"1·10"和"5·12"的

悬壁救援行动，是他参加救援行动中最为艰难的两次行动，他也因此被人们称为"绝壁英雄"。

2004年1月10日晚，两名少年被困在柳州市鹅山公园里的大鹅山20多米高的绝壁上，上下不得，生命危在旦夕！接到报警后，柳州市消防支队官兵立即赶赴现场，开展救援工作。但山脚的乱石和树木挡住了救援车辆的去路，各种救援机械根本派不上用场，情况非常危急。

遇险少年所站的位置只有50厘米宽，两个人趴在岩壁上动都不能动。参加救援的消防指挥员发现在其中一名少年的下方，有一块突出的岩石。于是果断做出决定，在这个地方架设15米长的两节拉梯，然后攀崖救人！

在这关键时刻，消防救援勇士杨盛福主动请战。他带着工具，沿着拉梯缓缓而上。到达拉梯顶端后，他双手撑着石壁，慢慢地站起来，把安全绳绑在一名少年的脚上，然后托住他的右脚移到自己肩上。等少年双脚踩到肩上后，他才扶着石壁慢慢蹲下来，让少年骑坐在自己肩上，顺着梯子缓缓而下。

11日0时32分，杨盛福背着少年踩到了地面，第一个遇险少年成功获救！

这时，杨盛福已经汗如雨下，坐在地上直喘粗气。但想到还有一名少年仍然被困在悬崖上，他又"噌"地弹了起来，再次爬上梯子。

　　这名少年所处的位置离梯子大概有 4 米远，杨盛福即使把身体绷直，也够不着对方。当时，这名少年已在悬崖上趴了六七个小时，天寒地冻，体力明显不支。

　　看到这个情况，杨盛福改变救援方式，冒险利用固定在小树上的安全绳爬到少年的下方。由于没有着力点，杨盛福整个人几乎悬在半空，但还是成功帮少年系上安全绳。一切准备就绪，杨盛福决定利用主绳的牵引力，抱着少年弹到拉梯上。这些动作需要两人默契配合，于是，杨盛福就慢慢和少年沟通，对他说："等一下我喊一、二、三后，你就松手！"

　　可是，当杨盛福大声喊"一、二、三"后，被困少年因为心情紧张，加上手脚麻木，根本不敢松手配合。于是两人像荡秋千一样被弹向石壁，由于杨盛福紧紧护住少年，他自己却一头撞向石壁，"砰"的一声，头盔撞破了，脑袋阵阵剧痛。在这十分危险的时刻，杨盛福用脚一蹬，顺势钩住了梯子。第二个被困少年也被毫发无损地救了下来。

　　这一夜，杨盛福感动了整个柳州城，"绝壁英雄"的美称在龙城不胫而走。

　　2006 年 5 月 12 日下午，广西柳州市 4 个孩子在放学途中路过龙船山，被悬崖上的鸟叫声吸引住了，他们决定爬山捉鸟。没有危险意识的孩子们，从山脚开始攀爬。但由于体力不支，有两个孩子在中途就下山返回了。而另外两个孩子则一直爬上呈"S"形悬崖的狭窄夹缝中。俗话说，上山容易下山难。等两个孩子停下回头一望，看到光滑陡峭的悬崖几乎与地面成 90 度的夹角，才发现他们已陷入进退两难的绝境。

下午 4 点，柳州市消防支队接到报警，第一时间赶赴现场。消防官兵迅速确定救援方案，采用从山顶放下绳索的办法营救。这需要在大约 100 米的距离中分 4 个阶梯，组织消防官兵接力救援。要完成这个任务，关键是需有一名优秀的空中指挥者。那么谁才能够担任这个重要角色呢？现场指挥的副队长立刻想到了一个名叫杨盛福的战士。

杨盛福有多年的抢险救援经验，30 分钟后，杨盛福带领战士从悬崖后方爬上山顶。一场绝壁接力救援就要开始。

然而，天有不测风云，就在大家一切准备就绪的时候，天空突然间阴云密布，狂风大作。恶劣的天气令所有人为杨盛福和战友们的救援担心不已。紧急绑好绳索，救援官兵准备依山而下，一股大风吹来，杨盛福和战友几乎站立不稳。而另一边，悬崖上饱受惊吓的两个孩子在风中缩成一团，惊恐的尖叫声不断从绝壁上传来。

雨水铺天盖地袭来，担任空中指挥的杨盛福决定冒着大风往下滑。但是悬崖上怪石嶙峋，风化严重，稍微触动就会脱落危及下面的孩子。杨盛福只好沿着石缝一点一点地缓慢下降，历经半个多小时才下到第一级台阶。而剩下的3级台阶有80多米长，至少需要1个多小时才能到达。面临着大风、寒冷、饥饿、惊吓，孩子们能够坚持那么长时间吗？人们开始为遇险的孩子们担心起来。

在漫漫的等待中，大家最不愿意看到的情况出现了：天渐渐黑了下来，狂风卷着暴雨瞬间而下。救援面临前所未有的危险。

2个小时过去了。在半空中，大风把绳子吹得晃来晃去，消防战士吃力地抓着，脚也这边一下那边一下。事后，杨盛福说，当时往下坠的感觉就像要掉下万丈深渊，随时都会粉身碎骨。但想到要救孩子们上来，任何危险都抛到脑后了。

时间过去3个小时，天已经黑了。经过艰苦的努力，杨盛福和另一名队员终于到达孩子们被困的地点，在暴雨和闪电中，杨盛福和战友们将两个孩子成功救出险境。

何博，1987年9月出生，2010年到武警昆明消防指挥学校学习，历任战士、班长、学员、代理副中队长、副中队长、中队长、站长等职务，现任柳州市消防救援支队柳北消防救援站站长，三级指挥员消防救援衔。

2007年，在一场灭火战斗中因现场突发爆燃，造成何博同志全身大面积烧伤，十根手指严重变形。虽然经历了多次

植皮手术，但还是留下了大量的伤疤，也无法像常人一样正常排汗。出院时医生明确告知他，今后只能在恒温空调室内活动，但何博深知基层干部模范带头作用的重要性，主动申请回到了消防救援一线。

在灭火战斗中，他英勇顽强，冲锋在前，不怕牺牲。作为一线指挥员，他时刻保持冷静，勤于思考，果断决策，出色地完成了一次又一次急难险重的任务。每次灭火救援战斗，何博总是身先士卒。在一次民房煤气罐漏气火灾救援中，他担心泄漏的煤气罐不及时处理会发生爆炸，便自己冲进店铺，将仍在漏气燃烧的煤气罐转移到安全地带。

在 2014—2017 年的多次重大灭火战斗和抢险救援中，何博带领消防指战员发扬连续作战、英勇顽强、不怕牺牲的战斗精神，圆满完成了多次灭火救援任务，保卫了人民群众的生命和财产安全，赢得了广大群众的高度赞誉。

16 年消防生涯，何博全心全意为群众排忧解难。他不仅是灾祸现场中人民生命和财产安全的守护神，更是日常生活中乐于助人、扶危济困的爱心天使，以实际行动谱写着仁心大爱的感人乐章。2007—2019 年，何博获得了很多荣誉，被广大群众亲切地称为"最美消防人"。

前辈回眸应笑慰，擎旗自有后来人。英雄的先进事迹深深地感动着欧保尔，也深深地激奋着欧保尔。对英雄的膜拜，

转化为欧保尔前进的动力。他暗暗下定决心，一定要向英雄
们学习，以身作则，冲锋在前，为党和人民贡献自己应有的
力量。

◎ 实习期间，欧保尔和队员们闲聊的情景（坐在最后的是欧保尔）

　　在柳州市柳北区柳北消防救援站实习的 3 个月里，欧保
尔以英雄们为榜样，严格要求自己，勤勤恳恳工作，扎扎实
实训练，把在学校学到的消防知识和救援技术，真正地运用
到实际工作中，得到队友们的高度赞扬，自身也得到了全方
位淬炼。

　　曾任欧保尔所在班的班长但武林说："欧保尔给我印象最深的，是工作认真负责。在进行纵深灭火救援操训练时，他精心指点，不断规范队员们的操作，将他学到的知识以实战的方式传授给队员们，使我们班的队员进步很快。在生活上，他也平易近人，总是以大哥的身份关心队员们，经常鼓励我们队员努力学习，继续深造或参加国考。在他的鼓励下，我今年也顺利地通过了国考的笔试。"

　　同班的队员李宏壮说："欧保尔在训练时，对我们的要求很严格，经常提醒我们哪里不规范，哪里操作错误了，一项一项地指出，手把手地教会。他以身作则，严于律己，连他敬爱的爷爷去世了，他也只请了3天假，这令我们队员非常感动。"

　　现任柳北区消防救援大队教导员的杨盛福激动地说："欧保尔同志虽然在柳北区消防救援站只工作了短短3个月的时间，但他热爱消防救援工作，善于用理论知识指导实战训练，得到了队员们的称赞。他的崇高理想在这里得到确立，他的坚强意志在这里得到铸造，他积极投身消防救援事业的坚定信念在这里得到高度升华。我为这样的救火英雄点赞！"

　　是的，正是这些英雄的先进事迹，成为欧保尔投身消防救援事业的精神支柱，同时也成为他勇闯火场、英勇无畏的动力来源。

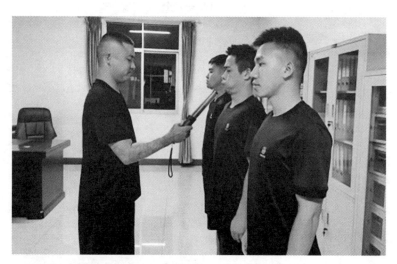

◎ 欧保尔在训练时的情景（右一为欧保尔）

◆

学成归来

消防

顾全大局进电都

2021年9月，在柳北区消防救援站实习期满后，欧保尔真正成了一名国家消防救援指挥员。根据《中华人民共和国消防救援衔条例》的规定，欧保尔获授"四级指挥员消防救援衔"。

授予欧保尔消防救援衔的命令书

　　欣闻欧保尔实习结束、学成归来，曾同在武警钦州市消防支队服役的战友纷纷祝贺他，并希望他重回钦州市消防救援支队工作。一日战友一世情，面对战友的盛情邀请，欧保尔非常感动。他由衷地对战友说："感谢大家对我的信任、关心和关爱，我也希望能和大家在一起工作。但是我的工作安排，是由组织决定的。我现在是一名共产党员，我必须服从上级组织的安排。"听了欧保尔的话，战友们纷纷表示理解。

　　其实，欧保尔原有着自己的打算。他是个出了名的大孝子，孝顺父母、关心妹妹。同时，他有一颗为家乡服务、做贡献的心。因此，他希望自己能在离家相对近一点的地方工作、生活。欧保尔的父母告诉笔者，保尔非常听话孝顺，很体贴关心他们。他曾说希望回到离家乡近一点的宜州或更近一点的环江工作。与欧保尔同在大化电都消防救援站工作的一名队员也对笔者说："欧副到我们站后曾跟我说，原来他很想回环江工作。说如果能回到家乡环江，他自己就能经常回家看望父母、关照妹妹了。"顿了一下，这名队员红着眼睛继续说道："可他心里的这个愿望，在心底里埋藏了很久，从没有向组织透露过。"

　　美好的愿望往往与现实背道而驰。2021 年 9 月，一纸调令将欧保尔调往大化瑶族自治县，命他担任大化瑶族自治县消防救援大队电都消防救援站副站长。这是欧保尔连想都没想到过的地方。面对这突如其来的状况，他的心里五味杂陈。

大化瑶族自治县，位于广西壮族自治区河池市南部，是典型的喀斯特地貌，境内峰丛密布，是名副其实的大石山区。组织的这一纸调令，彻底打碎了欧保尔原先想回到家乡环江工作的愿望。

手握着沉甸甸的调令，欧保尔躺在床上翻来覆去，心里久久不能平静。去还是不去？两种选择在欧保尔的脑子里激烈地斗争着。去，意味着自己的孝子情和家乡梦落空；不去，意味着自己可能会辜负组织的信任，有违一名共产党员的初心。

睡不着觉的欧保尔，在床上辗转反侧，几次想站起来去找组织和领导汇报自己的想法。在左右为难之时，他去阅读了关于大化的资料。

大化瑶族自治县简称大化，辖12个乡4个镇160个行政村（社区），总人口49万人。大化是邓小平、张云逸等老一辈革命家战斗过的革命老区，孕育了中华人民共和国开国将军覃国翰少将，涌现出湘江战役时任第十四团团长、优秀红军指挥员黄冕昌等一大批革命英雄。这里居住着瑶、壮等少数民族，民族历史文化底蕴十分丰厚。这里有大化、岩滩

两座国家大型水力发电站，目前总装机容量达 237.6 万千瓦，年发电量超过 118.44 亿千瓦时，是有名的水电之乡。这里生态完好，民风质朴，山清水秀，是有名的中国长寿之乡……

阅读了这些文字，欧保尔的脑海中立刻闪现出自己入党时在日记里写下的那段话："……树立正确的思想导向，始终跟党走！"他浑身一震，满脸通红，心里顿生愧疚与自责。一连串的自问涌上心头：大化瑶族自治县是革命老区，老区的人民为了建立新中国，不惜抛头颅、洒热血，面对死亡，连眼皮都不眨一下！难道我为了自己的一己私念，就对组织的工作安排挑三拣四？患得患失，是一名共产党员应有的想法和做法吗？当时入党的初心和誓言哪里去了？一个军人的风格和品行哪里去了？我还算是一名受党教育多年的消防救援队员吗？

想到这里，欧保尔心中有了主意，他狠狠地拍了几下自己的头，让自己静下心来，安安稳稳地睡了一个好觉。第二天天一亮，他就早早地打好背包，乘车赶往大化瑶族自治县电都消防救援站报到。

从此，欧保尔的身影，时常出现在大化城区的大街小巷、工厂企业和大化的村屯乡里。他全心全意地履行消防救援站副站长的光荣职责，担负起了守护大化消防安全的重任，成为大化人民生命和财产的安全守护神。

◇ 业务尖兵身先士卒 ◇

在大化电都消防救援站三楼的"深情寄语"专栏上，欧保尔的人生格言特别醒目："勇士搏击惊涛骇浪而不沉沦，懦夫处在风平浪静也会溺水。"这格言，是他一生的真实写照。

"欧保尔有拼劲有韧性，做事情力求完美，专业而用心。他刻苦训练，对自己要求严格，对同志们要求也高。他是实实在在能干事的人。"大化瑶族自治县电都消防救援站副指导员苏景顺回忆道，沉重的语气中透着一种骄傲。

苏景顺还记得，接受消防指挥专业系统训练的欧保尔，对消防操法训练有着独到的看法，他注重改进队站训练方式，把提高救援站的训练成绩和实战能力作为首要目标。

在大队教导员周华铭的眼中，欧保尔严于律己，对如何带好消防救援队伍有自己的想法，做事善于思考，有一股不服输的拼劲。"与他共事虽然只有不到一个月的时间，但他的专业素质和对消防工作的热爱，特别令我钦佩。"周华铭赞许地说。

大队的女文员支叶也说："我经常和欧副深入各单位各部门宣传消防知识，我觉得他知识面宽，业务能力强。每次开

展宣传活动，他所讲解的内容都有很强的针对性，而且深入浅出，通俗易懂。每到一处，都受到老百姓的欢迎。"

心里总有一股不服输的劲头，有一股使不完的力量，而且想做什么事情就一定要把它做得非常完美。这是电都消防救援站所有队员对副站长欧保尔的共同印象。

按照惯例，河池市消防救援支队每个季度都要进行一次擂台比武，这是一次展示各地基层消防救援队员实力和技术的大比拼。大化消防救援大队每次都派员参加，但原先每次比武的成绩都不太理想。

2021年10月，河池市消防救援支队2021年第四季度擂台比武备战工作开始了。大化消防救援大队领导经过多次慎重研究，决定由欧保尔担任这次备战工作的带队干部和教练员。

身为消防救援站副站长的欧保尔暗下决心，一定要大力提升队伍的比武能力，让其他队伍对大化消防救援大队刮目相看。

厚望如山，奋楫争先。肩负这一重任，欧保尔再也坐不住了。在备战训练中，他既当训练员，又当教练员。他一边认真研究比赛规则，仔细推敲每一个细节，一边利用休息时间加班加点练习。欧保尔深知，没有金刚钻，就揽不了瓷器活。因此，在训练过程中，他要求队员们做到的，他自己必须先做到，手磨破、脚起泡、汗水浸透衣服对他来说更是家常便饭。欧保尔不仅在训练场上挥汗如雨，还在训练间隙主动跟有经验的老兵进行交流探讨，钻研方法，探索创新。

俗话说，火车跑得快，全靠车头带。在欧保尔的严格训练下，电都消防救援站全体队员的整体素质有了极大的提升。这让他们看到了在擂台比武场上获胜的可能，士气大涨。大家都摩拳擦掌、跃跃欲试。

天道酬勤。2021年11月，欧保尔率领电都消防救援站的队员参加河池市消防救援支队2021年第四季度擂台比武。通过赛场上的艰苦拼搏，加上备战时的严格训练，电都消防救援站在这次比赛中，夺得了全支队擂台比武团体冠军，创造了电都消防救援站比武历史最好的成绩，打出了大化队站的雄风。

宝剑锋从磨砺出，梅花香自苦寒来。"没有往日的勤学苦练，哪来今日的耀眼光彩？"获奖后的队员兴奋地说，他们无不感激欧副站长对他们严格细致的高强度训练。

电都消防救援站副指导员苏景顺回忆说："欧保尔的业务素质在全大队都是出类拔萃的，去年，他刚来不久就带领队站获得河池支队比武竞赛第一名，成为很多消防员学习的标杆和努力赶超的偶像。"

◎ 欧保尔和队员们获得冠军后的照片（左一为欧保尔）

2022 年元月初，为提高站里队员的实战救援能力，欧保尔率领站里的消防员到大化新城区开展消防救援演练。在演练过程中，欧保尔严格按照演练编成，一丝不苟，沉着指挥。对演练中的一些缺陷和漏洞，不断充实和完善，提高救援编成的精准性和实用性。对在演练过程中发现的动作问题，当场整改。通过这次演练，队员们的实战能力得到进一步提高，得到了大队领导的高度评价。

欧保尔经常对站里的队员说："古人说，养兵千日，用兵一时。而对我们消防人来说，是养兵千日，用兵千日。如果平日里我们不好好训练，一旦灾情来临，我们就无法圆满完成救援任务。我们每一个队员都要争当训练的骨干，技术的能手，业务的尖兵。"

从此，"业务尖兵"就成了欧保尔的代名词，欧保尔也成了全体消防救援站队员学习的榜样。

在副指导员苏景顺的眼中，欧保尔对自己的要求高，对带好消防救援队伍有想法，做事善于思考，有一股不服输的拼劲。"与他搭档虽然只有几个月的时间，但他的专业素质和对消防工作的热爱，特别令我钦佩。"苏景顺说。

消防救援是一个特别辛苦、特别危险的行业，但也是特别受人尊重的事业。诗歌《有这样一群人》，是对消防救援队员工作和生活的真实写照。

当大地沉睡的时候，

有这样一群人，

他们时刻提高警惕，

闻警出动；

当万家团圆的时候，

有这样一群人，

他们依然坚守岗位，

任劳任怨；

当一对对情侣花前月下细语缠绵的时候，

有这样一群人，

他们只能与战车为友，

与星星做伴。

——他们就是我们可爱的消防兵。

当面对烈火浓烟的时候，

有这样一群人，

他们舍生忘死，冲锋在前，

只为青春无悔；

当面对繁重任务的时候，

有这样一群人，

他们勤勤恳恳，任劳任怨，

只为铸就忠诚警魂；

当面对群众求助的时候，

有这样一群人，

他们不计利益，排忧解难，

只为履行"人民消防为人民"的铮铮誓言；

当面对妻儿老幼的时候，

有这样一群人，

他们虽满心愧疚，却只能默默想念。

——这就是我们可敬的消防卫士。

◇ 温馨暖男自带光芒 ◇

2021年11月10日，大化电都消防救援站接到群众报警，说大化古江桥上站着一个女孩，欲跳河轻生。接到警情的欧保尔，立即率领韦吉德等队友赶往现场。到达现场后，他想尽一切办法，与在附近钓鱼的群众合力把这个要跳河的女孩救了下来。之后，欧保尔耐心地做女孩的思想工作，让她打消自杀的念头，鼓励她好好活着。随后，还将她送到当地派出所，让她接受健康心理辅导。

在大化电都消防救援站大量的出警记录里，还记录着欧保尔的各种出警事项：救火、救人、帮助学校和群众剿除马蜂窝、到群众家里抓毒蛇……哪里需要救援，欧保尔就会赶到哪里。

欧保尔不但在业务上是尖兵、标兵，而且在生活上也是消防救援队员们的贴心好兄弟。

文员支叶回忆说，欧副为人善良，与同事相处和谐，有亲近感。遇到出警赶不上站里的饭点，他就掏钱请大家吃饭。晚上出警回来，经常请大家喝奶茶，说是给大家放松心情。

救援站的通信员韦冠荣，由于经常被队里的事务缠身，没

有机会和欧保尔喝过一次奶茶。"这次除夕出警的时候，欧副还和我说回来要一起喝奶茶。当时我负责火场的通信保障，没有和欧副一起冲进火场。现在欧副食言了。"韦冠荣泪流满面地说。

能让欧保尔全心全意拼搏在消防救援一线的精神支柱，除了信仰，还有谈了7年的女朋友木子（化名）。

木子曾是钦州市消防支队的一名文员，欧保尔与她一见钟情。欧保尔在消防救援事业上取得的骄人成绩同木子的默默支持是分不开的。

初到电都消防救援站，同事们都非常关心欧保尔的终身大事，想着为他介绍女朋友。哪知欧保尔嘿嘿一笑，开玩笑地回答："我目前没有女朋友，但有一个未婚妻，都准备结婚啦！"这时，队友们才知道，原来他们的欧副早已有了自己亲爱的心上人。

通信员韦冠荣说，欧副来到电都消防救援站后，不是组织战训，就是下基层宣传消防知识，由于经常忙着站里的事情，欧副几乎没有时间陪他的女朋友，女朋友有时也抱怨过他，闹过别扭，但每次他总是想方设法去哄她，耐心沟通交流，让女朋友理解他的工作，支持他的工作。

欧保尔的室友覃警说："欧副和我同睡一室，每当和我聊起他的女朋友时，他总是一脸的幸福，说他女朋友特别好，是如何如何支持他工作的，又是如何如何关心他生活的。"

　　欧保尔本想在 2022 年春节前回老家结婚，但按规定不能请假，所以只好放弃了这个想法。站里的同事知道欧保尔的这个想法后，就动员他把未婚妻接到站里过年，并主动为他收拾出一间房，欧保尔坚决不同意，谢绝了大家的好意。他说："到站里过年很麻烦，会影响工作。反正节后初六我就可以轮休了，到时候再接女朋友回老家办结婚酒。"

　　为筹备婚事，2021 年 12 月，欧保尔在未婚妻家人的支持下，在大化车城买了一辆白色的大众牌小汽车。"新车是我和欧副一起去提的，当时他很高兴，说这部车是结婚专用车。"文员支叶伤感地说。

　　韦冠荣说，欧保尔在平时聊天中曾说，过完这个春节，他就请假回家结婚。"再不回去她就不等我咯！"欧保尔玩笑般的话语中却是满满的幸福和期待。

　　然而这份期待和幸福，欧保尔却没有实现。

◇ 弥足珍贵的"全家福" ◇

　　2022 年 1 月 31 日，农历除夕，大化瑶族自治县消防救援大队电都消防救援站里，洋溢着温馨祥和的喜庆氛围。

　　为了迎接新年，一大早，电都消防救援站的政府专职消防员韦吉德和韦勇帅就按照副站长欧保尔的吩咐，开始悬挂灯笼。他们两人一起搬来人字梯，提着刚买回来的 4 个大灯笼，忙着在救援站门前悬挂。不一会儿，红红的灯笼就挂好了。在灯笼的映照下，电都消防救援站的小院里，充满了过年的气氛。看着红红的大灯笼，站里的十几个小伙子，脸上洋溢着开心快乐的笑容，心里美滋滋的。

　　这时，救援站负责灭火救援工作的副站长欧保尔和通信员韦冠荣，刚刚撰写完《"大跨度大空间"厂房灭火救援编成作战展开程序》编成材料。他们把材料收拾好，一起从办公室里走出来。

　　在大门外，看到灯笼已经挂好，欧保尔就对韦吉德和韦勇帅说："灯笼挂好了，你们就先休息一下。等会儿有车来送大闸蟹，你们两个就去帮着卸车，把东西送到厨房去。"两个小伙子听了，爽声回答："是！"原来，为了改善和丰富消防队员们的春节伙食，欧保尔特意在当天为大家订购了大闸蟹。

　　午休时间，欧保尔和覃警聊起了家常。他告诉覃警，大年初六自己就回老家，和女朋友举行结婚宴，请覃警到时别忘了去喝喜酒。覃警当时愉快地答应了。在大化采访时，覃警告诉笔者："说起结婚之事，欧保尔副站长还问我结婚要不要给组织打报告，我就告诉他，按规定是要先报告的。他就

说，知道了，要按规定办事。"

下午，欧保尔要求队员们再次检查了所有消防车辆装备，要求大家随时处于备战状态。在得到所有装备完好的报告后，欧保尔就请副指导员苏景顺带领队员们到篮球场开展迎新春游园活动，自己则走进厨房，和炊事班的同事们一起烹制年夜饭。

大队教导员周华铭说："欧保尔事业心强，责任心重，他总是有忙不完的事情。我计划要撰写3个灭火救援编成，欧保尔接受任务后，就马不停蹄地写，直到春节前一天都还在努力弄着。我说春节过后再写，他没有听我的。"

热热闹闹地吃完年饭，欧保尔就带领队员，到大化城区进行除夕夜的前置执勤工作。

除夕这天的大化县城，处处洋溢着迎新春的热闹气氛。大街上灯火通明，家家户户弥漫着年夜饭的香气，充满着团聚的欢声笑语。欧保尔等人的心，也沉浸在幸福的年味中了。

完成前置执勤之后，欧保尔等人回到了营区。他们按照惯例，在中央广播电视总台春节联欢晚会开始前，穿好战斗服，做好随时出警的一切准备。随后，大家一起坐在会议室里，集中收看央视春节联欢晚会。

20时15分，大化消防救援大队教导员周华铭身穿战斗服走进了会议室，看着全副武装的小伙子们，十分高兴，顺手掏出手机，让同事帮拍了一张他与电都消防救援站队员们的合影。

 　辛丑年除夕夜，欧保尔和电都消防救援站队员们的合影（第一排左三是欧保尔）

照片中，欧保尔和队员们正襟危坐，脸上洋溢着幸福的笑容。

谁都未曾想到，这竟是欧保尔与大家的最后一张"全家福"，也是留给后人最为珍贵的一张合影。

◇　忙碌踏实的身影　◇

欧保尔在 8 年的消防救援生涯中，留下了许多记载他工作和生活的照片。每一张照片都蕴含着欧保尔勤学苦练、不畏艰难、勇攀高峰的英雄气概，闪耀着欧保尔逆行水火、勇往直前、死而后已的精神光芒。

翻看欧保尔的照片，负责消防救援大队宣传工作的支叶回忆起到"爱心家园"开展宣传活动的日子。

广西大化瑶族自治县的大化镇龙马村龙万移民新村坐落在美丽的红水河畔，那里有一个号称最草根的民间公益慈善机构——大化龙马校外托管（又称龙万爱心家园幼儿园）。这是一个为那些不幸的瑶家孩子创造学习环境与生存空间的"爱心家园"。

"爱心家园"成立于2001年4月，目前有"家庭成员"100多人，教职员工13名，学生主要以当地瑶族山村中困难家庭的孤儿、单亲孩子和留守儿童为主。"爱心家园"实行全方位的家园式管理，从照顾生活、辅导课业到护送他们上学放学，从课堂式课业辅导到家庭式课业辅导，均采取一站式管理。他们当中有学前儿童、小学生、初中生和高中生，他们以园为家，沐浴着爱的温暖阳光。

20年来，"爱心家园"为了改变当地瑶族山村曾经落后的观念和贫困的现状而不懈努力着。他们给孩子们营造家的氛围，给予他们心灵的慰藉，陪伴他们成长，帮助他们树立自尊、自重、自爱、自信、自强、自立的信念。

一个偶然的机会，欧保尔听说了这个慈善机构。通过接

欧保尔生前的每一张照片都是珍贵的，每一张照片都展现出生命最美的样子。

看，这一张，是他在钦州石化厂救援时冲锋在前的身影；

这一张，是他在钦州海豚大厦的火灾现场，冒着生命危险救下十几名被困群众的瞬间；

还有这一张，是他接到群众报警后，到居民楼救助一只猫的背影；

再有这一张，是他率队参加支队擂台比武获团体冠军的合影；

……

每一张珍贵照片的背后，都站着一个真实高大的欧保尔。

◆ 烈火中永生

◇ 青春定格除夕夜 ◇

2022 年 1 月 31 日，农历除夕，这个晚上出奇的寒冷。

在大化电都消防救援站的会议室里，副站长欧保尔正和队友们坐在电视机前看春节联欢晚会。看了一会，欧保尔就站了起来，走到门外，给远在环江毛南族自治县大安乡的父母打了个电话。他告诉父母，今年春节在站里值守，不能回家一起守大年夜了。随后叮嘱父母天冷了，要好好保暖，爱惜身体。妹妹还小，要多多关心她。最后还特别开心地告诉父母说，等到大年初六，就接未婚妻一起回家团聚。想不到，这次通话，竟然成了欧保尔和家人的最后一次通话。

23 时 58 分，电视前的队员们，正准备一起倒数迎接虎年的钟声敲响。这时，值班室的电话铃声突然响起。电话里传来河池市消防救援支队指挥中心的指令："大化镇古感村发生火灾，7 名群众被困，立即出警救援！"

随即，电都消防救援站内响起急促的警铃声，欧保尔和

队员们早已全副武装，火速登上消防车。伴随着新年钟声的响起，一辆辆拉响警笛的消防车，掠过行人稀少的街道，奔向火场。

几乎在同一时间，河池市消防救援支队金城东路特勤消防救援站、都安瑶族自治县安阳消防救援站接到指挥中心指令，立即赶赴现场扑救。同时，巴马瑶族自治县寿乡消防站前往增援，市消防救援支队全勤指挥部闻警出动。

2月1日0时10分，大化消防救援大队教导员周华铭、电都消防救援站副站长欧保尔以及电都消防救援站副指导员苏景顺带领首战力量到达火灾现场。

起火的是一栋三层半高的沙发生产作坊，房前屋后以及楼顶均加盖了铁皮顶棚，结构十分复杂。消防救援队员到达时，一楼已经全部着火，熊熊烈火冲天燃起，火势十分迅猛，楼上被困人员的生命受到严重威胁。

面对冲天的熊熊大火，欧保尔带领其他几名队员，义无反顾地从右侧绕到后门冲进火场，按照灭火救援编成，一边控制火势，一边全力搜救。通过队员们的奋力搜救，5名被困人员先后被成功地疏散到安全地方。正当他们要投入到接下来的灭火战斗中时，刚刚获救、惊魂未定的家主韦凤平焦急地说："我老婆和孙子还被困在楼上，快去救救他们吧。"

这一消息让救援队员们十分震惊，欧保尔闻讯后主动请缨。他让副指导员苏景顺负责场外指挥，自己带领队员韦吉德冒着滚滚浓烟，再次冲进火场，沿着楼梯向上逐层搜救被困祖孙，虽然烟雾很大，但他们绝不放过每一个房间、每一个角落。

　　此时，作坊内存放的大量海绵、木材、皮革等原材料正在猛烈燃烧，产生的大量高温、有毒烟雾喷涌而上，火势依然无法得到有效控制，情况非常危急。

　　火场外，教导员周华铭、副指导员苏景顺一边通过对讲机与欧保尔保持联系，一边密切关注火势发展，想方设法控制火势。

　　"轰！"就在欧保尔搜索完二楼房间后，现场突然传来一阵闷响——建筑内部突然发生了轰燃！

　　火烟滚滚升腾，迅速吞噬了欧保尔、韦吉德。轰燃产生的冲击波，把正在搜救的欧保尔推到三楼西南方向的房间，韦吉德则下落不明。

　　过了一会儿，对讲机里传来了欧保尔微弱的声音："一楼、二楼已经搜索完毕，没有发现被困群众，他们应该在楼上，我被困了……"随后，对讲机陷入了沉寂状态。

　　"一组继续搜救被困群众，一组营救欧保尔、韦吉德！"教导员周华铭迅速下达命令。经过搜救小组的不懈努力，被困人员终于安全脱险。二至三楼楼梯平台的韦吉德、三楼西南方向房间的欧保尔也相继被搜救小组找到。被找到时，两人已奄奄一息。经过现场医护人员的全力抢救，由于两人伤势过重，不幸英勇牺牲。

江河呜咽，大地含悲。欧保尔26岁的年轻生命，定格在虎年大年初一的凌晨……

◇ 金色盾牌生命铸成 ◇

欧保尔，是多么积极向上、温暖可爱、发光发热的一个小伙！是多么坚忍顽强、助人利他、绝不放弃的一个战士！是多么谦和温暖，让人信赖和心疼的邻家男孩……此时的大化城，冷得让人揪心。

"我不上，谁上？"面对熊熊的烈火，噼里啪啦的爆燃声，你害怕过吗？此刻，笔者宁可你犹豫一下，慢一点，就避开了轰燃……可是，在你的脑海里只有"快！尽快！"就像平时强调的"快一秒就可以救一条命"。你的职责和使命感，让你选择了以血肉之躯挺身而出，你以自己年轻的生命，去换来百姓的生命……

事后，队友们整理了欧保尔救援时所穿的衣物，发现本来具有阻燃、隔热、耐高温的灭火战斗服已被大火烧得支离破碎，可承受 1000℃ 高温的面罩也熔化变形。我们无法想象意外发生时，他究竟承受了多少度的高温冲击？在生命的最后时刻，欧保尔又是忍受着多大的痛苦，作出生命中最后一次情况报告，为救援赢得了宝贵时间。

入队 8 年来，欧保尔把自己的全部青春和热血都投入到消防救援的事业上，在每一场战斗中都不惧危险、冲锋在前，用自己的一言一行践行着一名共产党员和消防员的初心和使命。入队以来，他累计参加灭火救援战斗 300 余起，抢救被困人员 100 多人，在多起重大灭火救援和抗洪抢险战斗中表现突出，曾获评嘉奖 1 次、优秀士兵 1 次。

保尔·柯察金曾说："我的整个生命和全部精力，都献给了世界上最壮丽的事业——为人类的解放而斗争。"

而消防队里的欧保尔在生死关头，用行动践行了"对党忠诚、纪律严明、赴汤蹈火、竭诚为民"的铮铮誓言。

青春的生命是短暂的，但欧保尔短暂的生命却闪耀着夺目的光辉，他用自己的生命，为人民的利益站好了最后一班岗；他用短暂的青春年华，书写了为人民赴汤蹈火的热血人生，他的英名将永远被铭记在人民群众的心中！

◇　英雄的壮举，伟大的灵魂　◇

大年初三的河池大地，群山肃穆，江河低泣，杨柳伤怀，草木含悲。

2022年2月3日，在河池市金城江区殡仪馆，河池市委市人民政府在这里举行欧保尔及韦吉德烈士告别仪式。

悼念大厅内，庄严肃穆，哀乐低回，挽幛轻垂。厅内整齐地摆放着各单位向欧保尔、韦吉德烈士敬献的花圈。

当日上午，欧保尔烈士的家属、生前战友和好友，以及自发前来的社会各界代表，怀着无比悲痛的心情，早早来到仪式现场，哀悼我们的救火英雄，送英雄最后一程。

国家应急管理部消防救援局、自治区人民政府、自治区消防救援总队、自治区应急管理厅、河池市委市人民政府等领导，来到悼念大厅参加告别仪式。

告别仪式在哀乐声中开始，现场全体人员肃立、脱帽，向烈士遗体三鞠躬。

仪式上，有关领导宣读了国家应急管理部、广西壮族自治区人民政府分别批准欧保尔、韦吉德两位同志为烈士的文件，宣读了应急管理部消防救援局给两位同志追记一等功、共青团广西区委追授两位同志"广西青年五四奖章",以及共青团河池市委员会追授两位同志"优秀共青团员"等文件,并详细介绍了欧保尔、韦吉德烈士的生平事迹,回顾了他们为应急管理及消防救援事业不懈奋斗、为党和人民利益鞠躬尽瘁的一生。

"他们生来或许平凡,但死得光荣,为国为民,重于泰山!"市消防救援支队政委陈卫东在致悼词中说,"深切缅怀欧保尔、韦吉德烈士的同时,要弘扬他们对党忠诚、勇担使命的政治品质,学习他们冲锋在前、舍生忘死的英雄气概,传承他们践行根本宗旨、坚守初心的为民情怀,以及扎根基层、建功立业的奉献精神。他们无愧于父母的培养、无愧于组织的教育、无愧于党和人民的嘱托。他们的英雄壮举感天动地,展现了崇高的职业素养和无私的奉献精神。"

风萧萧兮易水寒,壮士一去兮不复还。告别仪式结束后,欧保尔烈士的灵车在生前战友的护送下回到环江。在欧保尔烈士的家乡环江毛南族自治县县城以及大安乡,灵车经过的各个路口,社会各界和各族干部群众都举着"英雄一路走好"的横幅,手持菊花,神情肃穆,带着无尽的悲痛迎接英雄回家。"去时少年身,归来英雄魂。""胸戴红花离家乡,身披国旗归故里!"不少群众无法抑制悲伤,痛哭失声。

◎ 大化瑶族自治县各界人士自发到电都消防救援站悼念欧保尔、韦吉德

　　"哪有从天而降的英雄，不过是有人愿意挺身而出，去守护这个世界，向英雄致敬。"

　　"你们是我们的英雄，有了你们，才有了我们现在的国泰民安，两位英雄一路走好！"

　　"哪有什么岁月静好，不过是有人替我们负重前行！"

......

"这一束束美丽的菊花及纸条上书写的充满感激的文字，是市民对消防烈士欧保尔、韦吉德的致敬与缅怀。"面对摆放在大化瑶族自治县电都消防救援站门口的鲜花和悼词，大化瑶族自治县消防大队教导员周华铭含着眼泪说。

年轻的欧保尔是消防老兵，2014年加入了消防队伍。当年，他怀着报国之志走进军营，义无反顾地穿上"火焰蓝"，走上血与火的战场。他的青春常常与浓烟和烈火为伴，他稚嫩的双手和身躯，托起人民群众生的希冀；他年轻的生命时时与死神较量，用青春捍卫城市的安宁祥和，守护人民的安居乐业，用短暂的生命淋漓尽致地诠释了"英雄亦凡人"的真谛，让人心生敬意，令人由衷感动。

欧保尔的生命是短暂的，平凡的，但他平凡而短暂的生命，却铸造了一个伟大的灵魂，诠释了一名消防员的崇高境界，他舍己救人的英雄行为彰显了新时代青年勇挑重担、锐意进取的精神风貌，是青年一代学习的榜样和标杆。

◇ 深深的哀思，长长的怀念 ◇

2022年2月3日晚，在大安乡塘房村欧保尔的老家，欧

保尔的干姐姐正拿着欧保尔曾经的手机发呆，突然屏幕一闪，
一条短信出现在手机上。

保尔：

最难过的不是善你的后

而是当一个人独处时

7 个春秋的回忆涌上心头

你应该再坚持几天的

到时，咱们就结婚了

心愿达成，就不会有遗憾

也不会像现在那么痛苦

这两天关于你的新闻铺天盖地，席卷而来

我手机都不敢看了

你成了大家心中的英雄

却永远丢下了家人与我

以后我最怕过的日子就是除夕了

记得你最害怕我掉眼泪了

每次一掉眼泪，你就着急

但是这两天我却把这辈子的眼泪都流干了

你却没有起来安慰我

在最后的这一年你不舍得吃，不舍得穿

就是为了努力攒钱，为了在结婚那天不委屈我

这辈子，我不会再遇到像你这般爱我的人了

你知道我胆子小，怕鬼

但是我希望你经常出现在我的梦里

保尔，真的很想你

下辈子，一定要记得我

爱你之人致上

2022年2月3日（年初三）

　　这段充满悲情伤感、催人泪下的文字，是和欧保尔谈了7年恋爱的未婚妻木子在参加完欧保尔的追悼会后，对保尔的真情告白。这是浓浓的爱情，深深的哀思，长长的怀念！

　　是的，欧保尔走了，怀念他的不只是他的未婚妻，还有他的战友、他的家人、他的同学，以及他所不认识的人。

　　欧保尔舍己救人、英勇牺牲的噩耗在大化县传开后，不少群众自发前来悼念："万家灯火团圆夜，你们却英勇无畏远行出征，感谢英雄舍小家为大家护佑一方平安。""未谋其面，深受其恩！英雄一路走好！"一句句发自肺腑的感激之言，寄托着瑶家各族人民对英雄的无限哀思和敬仰。

　　2月3日凌晨3时许，在欧保尔烈士灵堂前，战友肖勇守在保尔的棺椁旁，他点燃一根香，轻轻地放在香案上后，

悲痛地说："保尔，你不要感觉孤独，今晚，我陪着你。"

◇ 保尔，你在春天里 ◇

欧保尔，你从美丽的大环江走来，你从春天般的昆明走来，你一直在为他人忙碌奔波，一直在护卫着人民的生命。正如河池市消防救援支队特勤站副站长纪泽鑫接受电视台采访时所说："一旦有人员被困，就他的性格来说，当然会不顾一切。因为他把人民的安全看得比自己的生命还重……"

你阳光，谦和，仁厚……大化留下了你飞檐走壁业务夺冠的风采，消防站留下了你温暖和煦的身影。你并没有走远，你就在我们身边，你活在我们心中。

大化诗人三半的一首《春天，带儿子去看保尔》，把我们带进无限的追思和怀念之中。

　　想象中的大雪迟迟未到

　　我难掩失望。其实苍天赊欠南方的又何止一场
大雪

　　我有些疲倦。便合上《水浒》。林大教头的红缨
长枪极不甘心地闪了一下

就一下，然后隐没卷中

一切又变得安全起来，安全起来

这对于一座正沉睡在除夕这天的小县城来说

比什么都重要

而危险将至

危险正以前所未有的速度悄无声息地逼近

一场大火，以三层楼的高度

以前所未有的速度

冲天而起

刹那间露出狰狞的面目——

燃烧吧！我就是你们照亮暗夜的太阳

我就是你们致命的光明之源

……

七条人命即刻陷入万劫不复的灭顶之灾

恰在这时

你出现了，保尔。你和你的战友们

正以前所未有的速度，逼近危险

逼近疯狂的死神

是谁

以坚毅的目光击穿火魔的罪恶

是谁

以血肉的身躯扛起生命的希望

就在希望腾升的瞬间，保尔

你们却倒下了

倒——下——了

不远处的红水河失声痛哭

更远处的七百弄山涛凝噎

噢，保尔

我们再也看不到你年轻的笑靥

和可爱的脸庞

四天之后

便是立春。想象中的大雪终于姗姗来迟

但没来南方。苍天再次赊欠南方

无论怎样，大地终究回暖，万物开始复苏

新的一个轮回正在开启

保尔，我们决定去看你

你不在欧洲。不在苏联。不在俄罗斯

尽管你姓欧，还叫作保尔

但你不是那个名叫柯察金的保尔

尽管你同样深谙火焰的秘密

深谙钢铁的成因

我要去往那辽阔无比的春天

只要带上我儿子

别的，不必带上

我要告诉儿子，这大地上矗立的所有的山朵

这天空中飘荡的所有的云朵

这枝条上盛开的所有的花朵

都是保尔之所在，魂之所在

我们要用英雄的名字给每一座山川每一条河流命名

吉德山。保尔河……

今年的春天，较之往年，气象显得更加开阔宽广

我带上儿子，我们看见了春天里屹立不倒的英雄

我们破解了英雄永恒的密码

并获悉了钢铁最终的

成因

是啊，童年欧保尔的勤勉懂事，少年学子欧保尔的纯良

自觉，青年战士欧保尔的顽强淬炼，消防军官欧保尔的优秀干练，就像家乡的仁山智水。

春山温暖青翠，是保尔的音容笑貌，是保尔的情怀；

大环江奔腾不息，是保尔的坚韧顽强，是保尔的气概。

宝尔的精神和英魂还在，保尔还在！

保尔，你在春天里！

附　录

◇ 欧保尔所获荣誉 ◇

1. 2018 年 1 月，欧保尔同志被评为武警广西钦州消防支队优秀士官。

2. 2021 年 9 月，中华人民共和国消防总队授予欧保尔同志四级消防员消防救援衔。

3. 2022 年 2 月，应急管理部、广西壮族自治区人民政府批准欧保尔同志为烈士，应急管理部消防救援局为欧保尔烈士追记个人一等功。

4. 2022 年 2 月，共青团广西区委、广西青年联合会追授欧保尔同志"广西青年五四奖章"，共青团河池市委追授欧保尔同志为"河池市优秀共青团员"。

5. 2022 年 5 月，中共环江毛南族自治县委员会、环江毛南族自治县人民政府授予欧保尔同志"一等功臣之家"牌匾、立功奖章及相关证书。

6. 2022 年 6 月，中共广西壮族自治区委员会宣传部追授

欧保尔同志"八桂楷模"称号，并颁发荣誉证书。

　7. 2022 年 6 月，共青团中央授予欧保尔同志"全国向上向善好青年"光荣称号。

◎ 2022 年 5 月 28 日，河池市消防救援支队和环江毛南族自治县退役军人事务局的相关人员携着"一等功臣之家"的牌匾、立功奖章和相关证书，前往欧保尔烈士的家中。

◇ 欧保尔日记节选 ◇

1. 生亦当人杰，死亦为鬼雄。

> *生亦当人杰. 死亦为鬼雄*

2. 成功离不开辛勤的汗水！

走自己的路！

成功不可以复制，经历是人生最大的财富！

> *成功离不开辛勤的汗水！*
>
> *走自己的路！*
>
> *成功不可以复制，经历是*
> *人生最大的财富！*

3. 忍耐，无论什么困难我也要坚持，好男儿不轻言放弃，

我要为我的美好人生增添一份光彩。我是一名军人，军人的毅力是坚韧的，我要立志成为一名合格的军人。

　　坚持不懈，永不言弃。忍！

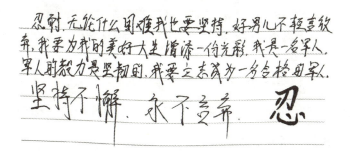

　　4.我要继续发扬在部队这种不怕苦、不怕累的精神作风，要激励自己，不畏困难险阻，勇敢去闯，总有一天我会发光发亮。

　　5.多么美好的历史，可那将成为过去，现在只有去珍惜现在，开开心心过好每一天。当兵的日子有苦有乐，（我要）走好每一步，等老了以后，回想到这一生当过兵，是一个军人，为国家作出（做过）贡献，感觉自己一生也算是值的（得）了。

6. 2015 年 5 月 29 日　　星期五　　晴

时间过得真快，又是一年高考佳季，真心祝愿你们能够取得良好的成绩，特别是 14 届毕业补习生，你们多比别人付出一年，希望你们能够实现你们的大学梦。在这关键时刻，我却不能对你们说些实实在在的祝福语。我只有在背后默默地支持你们，我始终不会忘记你们的，毕竟我们曾经一起奋战过。

7. 2015 年 7 月 21 日　　星期二　　晴

　　下队快 8 个月了，来到部队也就快一年了，自己也改变了许多，但社会上的一些不良习性还是未能完全改善，但也有些意想不到的收获，自己的做人做事方面有了很大的提高，学会了谦虚谨慎，真诚待人，以心交心，为人处世。做事认真、严谨，注重细节。这是来部队的收获，还有就是有拼劲，只要能保持这鼓（股）拼劲，我的事业，未来一定会更加美好。

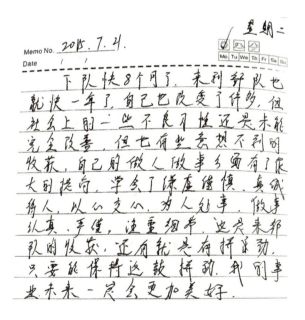

8.部队里，没有家人在身旁，我甚至生病了，我都不敢跟家里面的人说。我怕他们会担心。爸爸妈妈为这个家庭已经够操劳的了，我不想再给他们施加压力。原谅孩子的不孝，也许你们会说我太傻了，什么事都不跟家里面商量一下。我想，现在我已经长大了，也许想得比较多，我想为家里分担一些压力，看到父母们日夜操劳，我实在是不忍心。

年　月　日

部队里，没有家人种在身旁，我甚至生病了我都不敢跟家里面的人说，我怕他们会担心，爸爸妈妈为这个家庭已经够操劳的了我不想再给他们施加压力，原原谅孩子的不孝，也许你们会说我太傻了，什么事都不跟家里面商量一下，我想，现在我已经长大了也许想得比较多，我想为家里分担一些压力看到父母们日夜操劳我实在是不忍心

9.今晚站夜岗（00:00—2：00），听到外面有女孩子的声音，出门一看，见到几个学生妹（一个还叼着烟，见到我，

她就灭了）。经过询问，原来他（她）们是出来玩，然后朋友们回家了，就剩下他（她）们几个了。我好心收留了他（她）们，让她们进来坐坐，外面太危险，等她们找到车来接。要不然我就给钱给他（她）们去打的回家。今晚做了一件善事，心里很欣慰。

今晚站夜岗（12:00~2:00），听到外面有女孩子的声音，出门一看，见到几个学生妹（一个还叼着烟见到我她就灭了）经过询问，原来他们是出来玩，然后朋友们回家了，就只剩下他们几个了，我好心收留了他们，让他们进来坐坐，外面太危险，等她们排到车来接，要不然我就给钱给他们去打的回家，今晚做了一件善事，心里很欣慰。